新编21世纪高等开放教育系列教材

知识产权法

主　编　张琳琳

中国人民大学出版社
·北京·

图书在版编目（CIP）数据

知识产权法 / 张琳琳主编. -- 北京 : 中国人民大学出版社，2022.3

新编 21 世纪高等开放教育系列教材

ISBN 978-7-300-30213-3

Ⅰ. ①知… Ⅱ. ①张… Ⅲ. ①知识产权法－中国－开放教育－教材 Ⅳ. ①D923.4

中国版本图书馆 CIP 数据核字（2022）第 011327 号

新编 21 世纪高等开放教育系列教材

知识产权法

主编 张琳琳

Zhishichanquanfa

出版发行	中国人民大学出版社		
社　　址	北京中关村大街 31 号	**邮政编码**	100080
电　　话	010－62511242（总编室）		010－62511770（质管部）
	010－82501766（邮购部）		010－62514148（门市部）
	010－62515195（发行公司）		010－62515275（盗版举报）
网　　址	http://www.crup.com.cn		
经　　销	新华书店		
印　　刷	北京七色印务有限公司		
规　　格	185 mm×260 mm　16 开本	**版　　次**	2022 年 3 月第 1 版
印　　张	10.75	**印　　次**	2022 年 3 月第 1 次印刷
字　　数	216 000	**定　　价**	29.00 元

前言

PREFACE

学习知识产权法，不论是对于本人财产权的保护还是对于社会经济发展都具有重要意义。基于这一理念，本教材系统阐述了知识产权法的理论知识，包括知识产权的基础概念、特征、历史演变、国际条约、实务问题等，同时考虑到知识产权法的司法实务的要求，重点讲解了著作权法、商标法、专利法等相关知识内容。本教材在撰写时对知识产权法内容体系进行梳理，删繁去简，在保证内容完整性、系统性的同时，又能较为弹性地适用于不同模式的自主学习。此外，考虑到知识产权法内容相对晦涩以及与学生的日常生活距离较远，本教材从司法实务中挑选了大量具有代表性的案例，并予以改编，以帮助学生理解知识内容。

本教材兼顾网络教学的特点，形式新颖，集学、练、考于一体，在满足教学内容够用、好用的同时，又照顾了学生的学习感受，增强了学生的学习能动性。

本教材在出版的过程中得到了北京开放大学和中国人民大学出版社的大力支持，在此致谢！

由于法律修订等原因，加之作者水平有限，本教材中难免存在遗漏和不妥之处，敬请读者指正。

张琳琳

北京开放大学教务处处长

北京大学法学博士

目录

CONTENTS

第一章

知识产权概述

第一节 知识产权法的基本问题

学材导语

各位同学，大家好！今天我们开始学习“知识产权法”这门课程。在本节中，我们将学习知识产权的概念、发展、特征、内容以及知识产权法的调整对象。本部分内容是我们后续学习的基础与保障。

一、知识与知识产权

（一）知识

在人们的通常观念中，知识是通过学习、实践或探索所获得的认识、判断或技能。知识也是人类在实践中认识客观世界（包括人类自身）的成果。它包括事实、信息的描述或在教育和实践中获得的技能。它可以是关于理论的，也可以是关于实践的。但是知识产权中所强调的“知识”并不同于我们日常生活观念中的知识，它所强调的是一种智力成果，是人们所创作出来的具有无形性、能够带来利益的成果，如作品、发明、实用新型、外观设计等。

（二）知识产权

1. 知识产权的发展

“知识产权”作为国际上的普遍用语，应当得益于 1967 年 7 月 14 日在斯德哥尔摩签订的《成立世界知识产权组织公约》，我国于 1980 年 6 月 3 日加入该公约。目前，世界上绝大多数国家都是该公约的成员。“知识产权”的概念在我国经历了长期的发展与演变。我国民法理论在 20 世纪七八十年代曾称之为“智力成果权”。20 世纪 70 年代初，首次将英文“intellectual property”翻译为“知识产权”。“知识产权”作为正式的法律用语，最早出现在 1986 年 4 月 12 日第六届全国人民代表大会第四次会议通过的《中华人民共和国民法通则》（以下简称《民法通则》）中。2020 年 5 月 28 日通过、2021 年 1 月 1 日起施行的《民法典》以“列举式”规定和“兜底”规定的方式，对知识产权是什么进行了界定。《民法典》中的知识产权条款是对知识产权设立的宣示性、一般性规定，表明了民事权利的体系建构和知识产权的私法归属。

2. 知识产权的定义

关于知识产权的定义，国内外学术界有不同看法。综合学界主流观点而言，知识产权是指民事主体对于自己智力创造的成果、工商业标记、发明创造等依法享有的专有权利。

（三）知识与知识产权的关系

知识是人类认识的成果，来源于实践。知识产权的对象是以“形式、结构、符号系统”等为存在方式的知识。知识的本质是精神的产物，其存在方式是主观见诸客观的、具体的、有限的形式、结构或符号系统。知识是知识产权及其客体发生的前提和基础。“知识”是具体的，同时也是一个可以涵盖人类全部文明成果的外延广泛的概念。知识产权中的“知识”并非泛指所有的“知识”，是一个经过法律筛选的，内涵、外延确定的法律概念。在知识产权领域，以创造性成果和商业标记为存在样态的知识也是确定的、有限的，它们是知识产权法律关系得以发生的根据，是知识产权的对象。将知识产权的对象界定为“知识”，无论是逻辑上还是实践中，都不存在困难。

二、知识产权的特征

（一）无形性

知识产权的客体是不具有物质形态的智力成果。无形资产具有与有形资产相同的价值，受到人们越来越多的重视。

（二）专有性

知识产权是指人们就其智力创造的成果依法享有的专有权利。知识产权在本质上可谓是一种合法的垄断权。但是这种专有性有时会受到法律和公共利益的限制。比如著作权法中规定了合理使用制度和法定许可制度，其均是对知识产权专有性的限制。

（三）地域性

知识产权只能依照权利产生地的有效之法律而受保护。法律通常没有域外效力，这使得知识权利具有地域性。知识产权是根据不同国家的法律独立存在的。在订有双边保护知识产权条约或共同参加了知识产权保护国际条约的国家之间，存在着知识产权的国际保护，但知识产权的国际保护并不改变知识产权的地域性特点。任意国家对于外国智力成果的保护，仍然要根据本国的法律，或在本国范围内承认国际公约的效力，或将国际公约的内容直接规定在国内法上实现。国际公约的国民待遇原则、权利独立原则、最低限度保护原则等是以地域性原则为基础的。知识产权的客体虽然是无形的、抽象的智力成果，不存在与一定的场所相关联的情形，但是在国际私法、国际破产法等法律方面，仍然将授予权利的国家视为权利的所在地。

（四）期限性

知识产权一般都受到期限的限制。如一般情形下，著作权的保护期限是作者生前及死后 50 年，发明专利的保护期间是 20 年。法律对知识产权所有人的保护不是无限期的，而是有期限的，超过这一时间限制则不予以保护，知识产权随即成为人类共同财富，任何人都可以利用。这就是知识产权的期限性特点，是它与物权的一个主要区别。知识产权在时间上的限制性，是现在世界各国知识产权立法以及有关知识产权国际公约普遍采用的原则。

（五）内容具有财产权和人身权的双重属性

如著作权中的发表权、署名权、修改权以及保护作品完整权就是著作人身权，著作权中的复制权、发行权、出租权等就是著作财产权。

对比学习

民法中的人身权与知识产权中的人身权

	民法中的人身权	知识产权中的人身权
产生	基于自然人的出生而自然产生的人本身固有的权利，即人身权始于自然人的出生	基于智慧成果或其他脑力劳动产生，并非人人都享有，也并非自出生就享有
主体	主体资格上限于自然人，法人及非法人组织没有人身权中的身份权	主体包括自然人、法人、非法人组织以及国家
终止	在自然人死亡后归于消灭，其死亡后可能享有人格利益，如名誉利益等	人身权在理论上可以无期限存在，不受权利人死亡的影响，但是也存有例外，如著作权中的发表权，一旦行使后，该权利就消灭了
侵权表现	侵权行为大多是侵犯权利主体本身	侵权行为主要表现为非法占有和使用智力成果，并非对权利主体本身的侵犯
继承与否	人身权不能继承，因其与人身不能分离	人身权有的可以有条件地继承（如发表权）

在学习了知识产权的概念与特征以后，你对知识产权是否有了初步的了解呢？下面请通过【练一练】来检测一下吧！

练一练

（多项选择题）下列关于知识产权的叙述正确的是（　　）。

A. 知识产权是绝对的专有，未经允许，任何人不得使用

B. 知识产权都受到时间的限制，没有永久的知识产权

C. 知识产权都是不仅在本国受到保护，而且在本国外也受到保护

D. 知识产权具有无形性，不以客观存在为必要

解析：知识产权是绝对权，具有专有性，但是这种专有性并不是绝对的，其受到合理使用和法定许可制度的限制，故A项表述错误。知识产权具有期限性、无形性，故B、D项表述正确。知识产权只能依照权利产生地的有效之法律而受保护，法律通常没有域外效力，故C项表述错误。因此本题正确答案是BD。

三、知识产权的内容

传统意义上的知识产权，主要包括著作权、专利权和商标权，但实际上，知识产权所涵盖的范围非常广泛。在市场经济的各个领域乃至日常生活的每个角落均会遇到知识产权问题。在20世纪末，国际知识产权领域中最热门的课题大都与信息技术相关，比如网络传播技术对著作权制度的影响，电子数据库、域名以及与网络技术相关的商业方法等的法律保护问题。生物技术在21世纪将从定性描述的学科向定量描述的学科转变，这必将为人们带来众多全新的发明创造。有关生物技术的专利保护问题，比如基因专利问题等，已经成为知识产权法律制度提出新的课题。

综上，根据《中华人民共和国民法典》（以下简称《民法典》）第123条[①]之规定，我们需要了解的知识产权客体主要包括如下几类：作品（著作权）；发明、实用新型、外观设计（专利权）；商标（商标专用权）；地理标志；商业秘密；集成电路布图设计；植物新品种等。

学习了上面的知识后，你是否能准确记忆知识产权具体包括哪些内容呢？下面请通过【练一练】来检测一下吧！

练一练

（多项选择题）我国的知识产权法律中主要的保护对象是有哪些？（ ）

A. 版权　　B. 商标　　C. 专利　　D. 集成电路布图设计

解析：根据我国的知识产权法律法规的规定，ABCD四项的表述都是我国知识产权法所保护的对象。因此，本题正确答案是ABCD。

四、知识产权法的调整对象

知识产权法通常调整以下社会关系：

（1）知识产权人因创造智力成果所形成的社会关系。知识创造是事实行为，不需要行为人具有相应的行为能力。一个三岁的孩子创造作品后，一样可以享有著作权。

（2）知识产权人因使用智力成果所形成的社会关系。权利人对其知识产权享有专用权和专有权。

（3）知识产权人因交易智力成果而发生的社会关系。权利人可以将自己的知识产权转让给别人，许可别人使用自己的智力成果，但此对行为人的行为能力是有要求的，无民事行为能力或者限制民事行为能力不能行使转让、许可的行为。

---

① 《民法典》第123条规定："民事主体依法享有知识产权。知识产权是权利人依法就下列客体享有的专有的权利：（一）作品；（二）发明、实用新型、外观设计；（三）商标；（四）地理标志；（五）商业秘密；（六）集成电路布图设计；（七）植物新品种；（八）法律规定的其他客体。"

（4）知识产权人因救济智力成果而发生的社会关系。对侵犯知识产权的行为，一般采用民事制裁手段，但也不排除在损害公共利益的情况下追究侵权者的行政责任，甚至对那些构成犯罪的严重侵犯知识产权的行为人依法追究相应的刑事责任。

五、知识产权法在民法中的地位

在我国现行立法上，知识产权法**不是一个独立的部门法**，它与合同法、物权法、侵权责任法、婚姻家庭法等一样，是民法的组成部分。知识产权法律关系属于较为**特殊**的民事法律关系，这种特殊性主要是在智力成果与有形物的比较中呈现的，是相对而言的。

首先，知识产权是私法，是民法的组成部分。知识产权是民事权利。知识产权法的调整对象包括：智力成果、商业标志和其他信息的归属关系；智力成果、商业标志和其他信息的利用关系，智力成果、商业标志和其他信息的交换关系。知识产权法调整的这些社会关系，是平等的当事人之间因知识产品的归属、利用、交换所发生的财产关系和人身关系。虽然专利法和商标法中都有一定数量的政府机关审查授权以及权利撤销等规定，但是，这些规定都是为权利的取得和维持服务的，属于知识产权法中的程序性规定。程序法和诉讼法是两个不同的概念，大多数实体法中都有程序性的内容，如权利取得程序、权利行使程序、权利维持程序等。这些程序性条款都是实体法的有机组成部分，不影响知识产权法调整社会关系的平等性质。所以，要明确的是，知识产权法是私法，是民法部门法，知识产权是民事权利。

其次，知识产权是民事主体依据法律的规定，支配其所有的信息，享受其利益并排斥他人干涉的权利。这一定义揭示出知识产权属于民事权利，其保护对象为信息，知识产权的权利人是受保护信息的所有人，知识产权为支配权，权利人可以直接支配权利所保护的对象。具体来说，知识产权是对世权、支配权。对世权是指知识产权的义务主体是除权利人之外的一切人。在这一点上，知识产权与物权相同，而与债权有别。知识产权是支配权，权利人可根据自己的意志，对权利的保护对象进行全面支配，并排除他人干涉。如可以进行商业性利用，也可以不利用；可以用法律许可的任何一种方式利用，也可以进行处分。知识产权在这些方面与物权一样，所以可被称为“准物权”。因此，物权法上的一些重要原则，如权利法定原则、公示公信原则等也可以用来研究知识产权。但毕竟，知识产权的客体与物权的客体有着根本区别，因此知识产权具有一些独有的特征，如知识产权可分地域取得和行使等。因此，知识产权是民法中的一类独立于物权、债权的特别的权利，知识产权法是民法的特别法。

综上，知识产权在民法中的地位可以这样来概括：知识产权是民事权利，属于对世权、支配权。

延伸阅读 知识产权和物权有何不同?

知识产权是基于创造性智力成果和工商业标记依法产生的权利的统称；物权是指权利人对物的占有、支配、处分等排他性的权利。知识产权和物权都属于私权，且都属于民事权利，调整的同为平等主体的法人、自然人间发生的财产关系。知识产权和物权都是法定权利，其义务主体都是不特定多数人，属于绝对权。但二者在许多方面有着关键性的不同之处，知识产权作为无形财产权，是财产权体系中的新成员。知识产权与物权的区别，在于它们各自的法律事实构成不同。物权产生的前提，是有形有体的“物”，或虽无形无体但作为第一性的事物，是客观存在的东西，比如电；知识产权产生的前提，是以创造性智力成果和工商业标记形式出现的有形无体的“知识”。具体来说，知识产权和物权有以下不同之处：

第一，权利的对象或标的不同。物权的对象是动产和不动产以及其他实实在在存在的物理学意义上的“物”；知识产权的对象是“知识”，是不含物质实体的思想或情感的表现形式，是非物质的客观存在，在“虚”中“拟”出来的“物”。

第二，物权与知识产权虽然同为绝对权利，但是在独占性、专有性和排他性上，知识产权弱于物权。物权人对物的占有、使用、收益、处分行为，只要不侵害他人利益，不危及社会公众和国家利益，不违反公序良俗，不滥用法律赋予的权利，其为这些行为的权利就是绝对的和排他的。其他人无权行使与物权人相同的权利，法律也没有任何具体规定来明确限制物权人权利。而法律对知识产权却具体规定了限制制度，主要是“合理使用”“法定许可使用”“强制许可使用”等制度，使其他人可以行使某些和知识产权人相同的权利。

第三，物权人的利益通常可以借助事实上对物权“对象”的占有实现，知识产权利益的实现则需仰仗法律的保障。由于物权的对象常是有形有体的物质实体，因而物权人占有和使用其标的物时，事实上排除了其他人同时占有和使用其标的物的可能；而知识产权的对象只是一种结构和形式，它并不依赖特定的载体存在，作为表现形式，只要找到得以支撑其存在的载体，就可以再现，从而在理论上具有无限的再现性的特点，其极易受到侵害，需要法律的保护。

第四，当知识产权与物权发生冲突时，知识产权通常要让位给物权。在一件实体物上可以同时并存物权和知识产权。在物权和知识产权分属不同主体的情况下，知识产权的实现受到物权的制约。尽管物权和知识产权并无优劣、强弱、先后之分，但是基于物权人依法对实物的独占、排他的支配权，往往导致知识产权因物权的对抗而无法实现。

第五，知识产权的期限不同于物权的期限。法律明确规定知识产权有一定的期限，期限届满，权利归于消灭，作品进入公有领域；物权则无此法律规定，物权的期限与物的自然寿命保持一致。

第六，财产价值属性不同。两者的价值无论是质的规定性还是量的规定性都不同。作为劳动产品，物的价值的质的规定性取决于人的劳动，量的规定性取决于社会必要劳动时间；知识产权的价值的质的规定性由市场供求关系来决定，量的规定性则取决于其对象被社会利用的范围和程度。

第二节 知识产权制度的演变与保护的正当性

学材导语

在学习了知识产权的基本知识后，下面让我们来进一步了解知识产权制度的沿革与发展趋势，认识知识产权对国家经济发展的重要性以及保护知识产权的正当性。

一、国际知识产权制度的沿革

知识产权制度是资本主义商品经济和近代文化、科学技术发展的产物。《成立世界知识产权公约》于1967年7月14日在斯德哥尔摩签订，并于1970年4月26日生效。根据这一公约建立的世界知识产权组织是联合国保护知识产权的一个专门机构，管理着除《世界版权公约》以外的所有有关知识产权的公约。1989年9月在乌拉圭的埃斯特角城发表的关贸总协定部长级会议声明中将知识产权连同服务贸易和投资措施列入“乌拉圭回合谈判”议程。最终达成了《与贸易有关的知识产权协议》，即TRIPs协议，由同时成立的世界贸易组织管理。该协议于1995年7月1日生效，代表着当今世界对知识产权保护的最高水平。

二、我国知识产权制度的沿革

我国于1982年、1984年、1990年和1993年先后颁布并实施了《中华人民共和国商标法》、《中华人民共和国专利法》、《中华人民共和国著作权法》和《中华人民共和国反不正当竞争法》（以下分别简称为《商标法》、《专利法》、《著作权法》和《反不正当竞争法》）。同时，在这些法律出台后，先后实施了相应的司法解释，并随着社会的发展实时地作出修订。

我国在1985年加入了《保护工业产权巴黎公约》，1992年加入了《保护文学和艺术作品伯尔尼公约》和《世界版权公约》，还先后加入了一些保护和管理著作权、邻接权、专利权和商标权等方面的专门条约。1992年和1993年，我国先后对《专利法》和《商标法》作了修改。此后，为了加入世界贸易组织，使我国的知识产权法律符合世界贸易组织的条件，以便能顺利地与世界的通行惯例相衔接，我国根据基本国情，参照TRIPs协议的相关规定，又在2000年和2001年相继对《专利法》和《商标法》作了第二次修改，并修订了《著作权法》，于2001

年10月27日正式实施，从而为我国在2001年12月加入世界贸易组织创造了有利的条件。**2007年3月**，我国正式加入《世界知识产权组织版权条约》和《世界知识产权组织表演和录音制品条约》，条约于2007年6月9日对我国生效。

我国知识产权制度也在新的社会条件下经历了丰富的实践。我国《物权法》（《民法典》生效后，已自动失效）的颁布和民事立法的全面推动，以及国际上、地区间的立法动向，为我国系统地、全面地修订《著作权法》、《专利法》、《商标法》和《反不正当竞争法》提供了国外、国内全新的社会环境、法律环境和丰富的实践经验。我国于2008年6月5日发布了《知识产权战略纲要》。2008年12月，我国对《专利法》进行了第三次修改。2010年2月，对《著作权法》作了第二次，也是极为有限的修改。2013年8月30日，第十二届全国人大常委会第四次会议完成了对《商标法》的第三次修改。这次修订《商标法》，改动内容比较多，涉及面较广，如承认了声音商标的存在。2014年4月29日，国务院根据新的《商标法》修订《商标法实施条例》。在数字技术的推动下，新技术、新知识推陈出新，对知识、技术的新的利用手段层出不穷，知识产权法律规则面临新的挑战。为了顺应这种趋势，2011年7月，国家版权局启动了《著作权法》的第三次修改。新一轮的《专利法》修改工作也被提上了有关部门的工作日程。2019年4月23日，第十三届全国人民代表大会常务委员会通过《全国人民代表大会常务委员会关于修改〈中华人民共和国建筑法〉等八部法律的决定》中，对我国《商标法》中的六个条款做了修正，并且新增了第六十八条第四款一个条款。修改后的相关条款于2019年11月1日起施行。2020年5月28日，第十三届全国人民代表大会第三次会议通过《民法典》，在总则、物权编、合同编共涉及与知识产权相关的条款五十余条，为后续知识产权各部门法的修订指明了方向。2020年10月17日，第十三届全国人民代表大会常务委员会通过修改《中华人民共和国专利法》的决定，完成了对《专利法》的第四次修正。2020年11月11日，第十三届全国人民代表大会常务委员会通过了《关于修改〈中华人民共和国著作权法〉的决定》，完成了对《著作权法》的第三次修正。

三、知识产权法的作用

知识产权法的作用主要表现为如下四个方面：

（1）有利于调动人们从事创作和科学技术研究的积极性；

（2）知识产权制度是智力成果商品化的法律前提和保障，有利于智力成果广泛传播，以产生巨大的经济效益和社会效益；

（3）有利于繁荣社会主义文化，加速精神文明建设，创建和谐社会；

（4）有利于促进国际科学技术和文化的交流与协作。

四、知识产权制度发展趋势的影响因素

在考察影响知识产权发展趋势的因素时，首先，要关注和研究的是技术进步对

知识产权制度的决定性影响。第二次世界大战以来，利用科学技术的迅猛发展，率先确立了科学技术创新与市场结合的经济发展模式——**创新驱动发展模式**，并以这种模式为基础建立了教育、科学、生产、国际贸易等体制。在这一体制下，知识产权保护下的技术竞争成为经济竞争的主旋律。故一国的技术水平直接影响一国知识产权制度的发展。**其次**，要关注一国的法治建设水平。要从立法、执法和司法上引起对知识产权保护的重视，才能真正从制度上保障知识产权的发展。**最后**，国民要树立知识产权维权意识，要尊重他人的知识产权，也要积极地维护自己的知识产权。

转折就是机遇。随着科技进步，知识产权制度的变革是一个大趋势。面对新一轮的技术革命，我们必将迎来知识产权制度的新变革。中国应当抓住机遇，从被动的接受者，转变为技术进步和制度变革的参与者。

五、知识产权保护的正当性分析

知识产权实际上是法律赋予权利人的一种合法垄断的权利，但是有垄断就可能对竞争造成损害。在知识产权法领域中，因知识产权的特殊性给人们带来认识的障碍，而且现实中盗版屡禁不止，使得知识产权的正当性在社会公众面前黯然失色。由此，导致了人们对知识产权被保护的正当性的质疑。

知识产权保护的目的在于促进技术的发展和社会的进步，而不仅仅是对知识产权本身和权利人利益的保护。知识产权的保护和实施应有利于促进技术革新、技术转让和技术传播，有利于生产者和技术知识使用者的相互利益，保护和实施的方式有利于社会和经济福利，并有利于权利和义务的平衡。

从法学角度而言，**利益平衡**原则很好地体现了知识产权保护的正当性。知识产权的本质是利益问题，知识产权人所享有的权利本质上就是知识产权法所保护的某种利益，协调知识产权制度中围绕知识产品所产生的各种利益关系就成为知识产权法调整的核心内容，**利益平衡协调**和**知识产权有限保护**已成为现代知识产权立法的原则和出发点。知识产权法通过平衡知识产权人和社会公众的利益关系，最大限度地促进了知识产权法公平、正义社会目标的实现，同时，利益平衡也是知识产权法的价值目标。知识产权法本着这一原则，充分考虑了知识产权人与社会公众的合法权益，协调两者之间的关系，是实现鼓励知识创造、促进公众对知识产品接近的关键。

知识产权制度作为一种新的民事权利制度，其对于国计民生极为重要，特别体现在以下方面：

（1）知识产权制度保护创造者的权利和利益。智力成果凝聚着创造者的聪明才智和艰苦劳动，只有建立知识产权制度，才能确认创造者对智力成果的权利并予以充分而有力的保护，创造者的利益才能得以实现；而商标所有人通过提高产品质量和优质服务建立起来的商标声誉及其巨大的经济价值，只有在赋予商标权后才能得以确认和保护。

（2）知识产权制度刺激创造活动。知识产权制度赋予权利人以独占使用的权利，保证了权利人收回投资并获得巨大经济利益、实现自身价值的可能性，从而在全社会范围内刺激广大主体积极从事各种创造活动。

（3）知识产权制度促进智力成果的传播与应用。无论是专利权还是著作权，权利人的利益在很大程度上取决于其专利技术或作品的广泛应用与传播。因此，在知识产权制度下，权利人为了实现最大的利益，必然尽最大可能对其成果加以应用与传播。

（4）知识产权制度推动科技、经济、文化与社会的发展与进步。知识产权制度的上述作用客观上均有力地推动了科技、经济、文化与社会的发展与进步。此外，有关知识产权的法律还建立了一系列具体的制度，直接服务于这一目的。例如，著作权法中的合理使用制度，专利法中的交叉许可制度、强制许可制度等。

延伸阅读

因本部分内容过于理论化，学习起来比较枯燥，建议大家阅读下列网址中关于知识产权保护的国际案例，以增强对该部分知识的理解。

https://china.findlaw.cn/chanquan/chanquananli/zhishichanqaz/12506.html

https://china.findlaw.cn/chanquan/chanquananli/haiwaiweiquan/18087.html

第三节 知识产权的国际保护条约

学材导语

在之前的内容中，我们已然认识到了知识产权保护的重要性，故本部分将着重介绍知识产权的国际保护问题，主要涉及对《巴黎公约》、《伯尔尼公约》、TRIPs 协议的理解，这些都是知识产权领域国际保护的重要规范性文件。本部分还将介绍我国参与知识产权国际保护条约的情况。

一、知识产权国际保护概述

从知识产权法的发展历史看，国际多边公约和双边条约对知识产权法律制度的发展和国际协调有着非常重要的影响。

由于各国的历史文化背景不同，致使各国法律制度存在着很大的差异，最终反映在立法中则表现各异、千差万别。但是在各类法律中，各国的知识产权法在许多方面有着惊人的相似之处。比如，各国著作权法或专利法中所规定的著作权或专利权的内容基本相同；各国著作权法都要求受保护的作品必须具备独创性；授予专利的发明创造必须具备新颖性、创造性和实用性。在19世纪末分别诞生了目前国际上**最大、历史最长、最有影响**的两个知识产权国际公约，即《保护工业产权巴黎公约》和《保护文学和艺术作品伯尔尼公约》。这两个公约在20世纪对国际知识产权制度的协调发挥了巨大的作用。比如公约要求所有的成员方的国内法必须达到公约所要求的最低标准，这在客观上使各国法律趋于一致。

综合而言，知识产权保护国际条约是指两个以上成员方参加和签订的约定，在参加方/签字方/成员方之间相互提供知识产权保护的双边或多边的国际条约。到目前为止，联合国世界知识产权组织、联合国教科文组织、世界贸易组织等国际组织都为知识产权法的国际协调做出了巨大的贡献。

二、知识产权保护国际条约

（一）《保护工业产权巴黎公约》

《保护工业产权巴黎公约》（Paris Convention for the Protection of Industrial Property）简称《巴黎公约》，是在1880年的巴黎外交会议上起草，1883年由11个国家签字，**1884年7月7日生效**的。订立《巴黎公约》的目的就是协调成员方间有关工业产权的保护问题。

《巴黎公约》在保护知识产权方面规定了三项基本原则，都已经成为国际知识产权领域的基本制度或原则。**第一是国民待遇原则**。依照该公约，成员方间应当实行国民待遇，非成员方国民只要在一成员方国内有真实、有效的营业场所，也应享有国民待遇。**第二是优先权原则**。该原则如今已为世界上大多数国家所广泛采用，不仅适用于发明专利，还适用于实用新型、外观设计、商标等其他保护对象。**第三是独立原则**。即各国专利权、商标权等相互独立，对驰名商标给予特别保护以及针对其他工业产权保护对象的相应保护措施。

《巴黎公约》的规定对各国的国内法影响甚大。我国1984年《专利法》中有关强制许可的条款就完全借鉴了《巴黎公约》的具体条文。我国在**1985年加入该公约**，同时声明，我国对该公约的第28条第1款予以保留，不受该款约束。《巴黎公约》第28条第1款规定，两个或两个以上本同盟成员方之间对本公约的解释或适用有争议不能协商解决时，任一有关国家可根据国际法院规约向国际法院起诉，除非有关国家同意通过其他办法解决。向法院起诉的国家应通知国际局，国际局应将此事提请其他同盟成员方注意。

（二）《保护文学和艺术作品伯尔尼公约》

《保护文学和艺术作品伯尔尼公约》（Berne Convention for the Protection of Literary and Artistic Works）简称《伯尔尼公约》，是于**1886年9月9日在瑞士伯尔尼签订**的。该公约分别于1896年在巴黎、1908年在柏林、1914年在伯尔尼、1928年在罗马、1948年在布鲁塞尔、1967年在斯德哥尔摩、1971年在巴黎等地进行了修订和补充。最近一次修改是在 1979 年。《伯尔尼公约》是目前世界上**最大的著作权公约**，它有 100 多个成员方，这是其他任何著作权公约所不能比拟的。

在著作权保护方面，《伯尔尼公约》同《巴黎公约》一样规定了国民待遇原则。另外还规定了**著作权自动保护原则**，即缔约方之间无须办理任何手续，不论作品是否发表，只要作品创作完成，都受公约保护。该公约还规定了**著作权独立原则**，即无论作品在起源国的保护状态如何，缔约方均应根据公约给予同本国国民同样的保护。也就是说，一国给予某作品著作权保护，不受他国法律的影响。同时，该公约对缔约方的**著作权保护规定了最低限度标准**，即该公约允许缔约方制定国内法或缔约方之间订立条约给予作品更为广泛或更多的权利，但不应低于公约规定的各类作品的最低保护水平。比如，该公约第 7 条规定的各类作品的保护期，第 6 条、第 8 条、第 9 条以及第 11 条至第 14 条所列的各项权利。

我国自 1992 年加入《伯尔尼公约》，并为弥补 1990 年的《著作权法》与公约之间的差距专门颁布了《实施国际著作权条约的规定》。2001 年我国修订了《著作权法》，使现行法满足了《伯尔尼公约》的要求。

（三）《建立世界知识产权组织公约》

《建立世界知识产权组织公约》（The Convention Establishing the World Intellectual Property Organization）简称 WIPO 公约。保护工业产权巴黎同盟的国际局与保护文学和艺术作品伯尔尼同盟的国际局的 51 个国家于 1967 年 7 月 14 日在斯德尔摩会议将两国际机构合并，签订了《建立世界知识产权组织公约》，该公约于 1970 年 4 月 26 日正式生效。根据公约成立的政府间国际机构，定名为世界知识产权组织，英文简称 WIPO。1974 年 12 月，该组织成为联合国的一个专门机构，总部设在日内瓦。按照公约第 5 条成员资格的规定，任何保护知识产权的同盟成员方，以及虽未参加任何同盟，但只要是联合国的成员方，或受到了世界知识产权组织成员会议邀请的国家，均可成为该组织的成员方。

1980 年 6 月 3 日我国成为该公约成员方。该公约对知识产权所下的定义是："关于文学、艺术和科学作品的权利；关于表演家的演出、录音和广播的权利；关于人们在一切领域的发明的权利；关于科学发现的权利；关于工业设计的权利；关于商标、服务商标、厂商名称和标记的权利；关于制止不正当竞争的权利；在工业、科学、文学或艺术领域里的一切来自知识活动的权利。"公约的实质性条款规定了建立世界知识产权组织的各项问题，包括该组织的宗旨、职权、组织机构、总部及财务问题。公约规定对公约的内容不允许有保留。

（四）TRIPs 协议

TRIPs 协议是世界贸易组织下的一个国际条约，是《与贸易有关的知识产权协议》的简称。该协议于 **1993 年底**形成最后文本，是在原关税与贸易总协定的"乌拉圭回合谈判”中形成的世界贸易组织成立的一系列协定中的知识产权分协定。在“乌拉圭回合谈判”结束时的1994年4月，世界贸易组织同时诞生，该协议逐渐转为世界贸易组织下的知识产权协议。

TRIPs协议所包含的内容十分广泛。从总体上看，该协议对各种知识产权都给予了较高的保护水平。不仅如此，该协议规定了各成员方应遵循的最基本的义务和原则，主要体现在如下几个方面：

1. 确保协议规定有效实施的义务

这是各成员的普遍义务，同时，协议允许在不违反协议规定的前提下，各成员可以通过国内法实施比该协议要求更多的保护。

2. 国民待遇原则

协议规定，在保护知识产权方面，必须给予其他成员的国民以不低于本国国民的待遇。但是，如《巴黎公约》、《伯尔尼公约》、《罗马公约》和《关于集成电路知识产权公约》中有例外规定的可以除外。

3. 最惠国待遇原则

协议规定，在保护知识产权方面，一国给予别国国民的优惠待遇必须立即无条件给予所有其他方的国民。与此同时，该协议还规定了一些最惠国待遇义务的例外。

4. 可采取必要措施和合适措施的原则

各成员在制定或修改法律和法规时，可以为保持公共健康和营养的需要而采取必要的措施，只要这些措施与该协议的规定相一致；为防止知识产权所有人滥用知识产权，或凭借不正当竞争限制贸易，或对国际技术转让产生不利影响，各成员只要符合该协议的规定，也可采取合适措施。

2001年底，我国加入世界贸易组织，TRIPs协议也因此对我国国内法产生了约束力。

（五）《世界知识产权组织版权条约》

《世界知识产权组织版权条约》（World Intellectual Property Organization Copyright Treaty，WCT），简称《WIPO版权条约》，是1996年12月20日由世界知识产权组织主持，由120多个国家代表参加的外交会议上缔结的，主要为解决国际互联网络环境下应用数字技术而产生的版权保护新问题。

《WIPO版权条约》的主要内容包括：(1) 版权保护的客体主要包括两个方面：一是计算机程序；二是数据或数据库编程。(2) 新增加了向公众传播的权利，作者有权许可将其作品以有线或无线方式向公众传播，包括将其作品向公众提供，使公众中的成员在其个人选定的地点和时间可获得这些作品。(3) 要求缔约各方应在法律中规定，未经权利人许可或法律准许，规避由权利人为实现版权保护而采取的技术措施为侵权行为。(4) 规定未经权利人许可擅自去除权利管理的电子信息属侵权行为；未经许可发行、广播、向公众传播明知已被未经许可去除或改变权利管理电子信息的作品或复制品也属于侵权行为。所谓“权利管理信息”包括了识别作品、作品的作者、权利所有人信息、作品使用条件以及相应数字或代码等。条约规定必须对技术措施和权利管理信息加以保护。

2007 年 3 月 6 日，我国政府向世界知识产权组织正式递交加入书；同年 6 月 9 日，《WIPO 版权条约》在我国正式生效。

在学习了上述内容后，你是否了解了《巴黎公约》、《伯尔尼公约》、TRIPs 协议的内容？下面请通过【练一练】来检测一下吧！

练一练

我国分别是什么时候加入《巴黎公约》、《伯尔尼公约》、TRIPs 协议的？

解析：我国于 1984 年加入《巴黎公约》，1992 年加入《伯尔尼公约》，2001 年加入 TRIPs 协议，因此本题的正确答案是 1984 年、1992 年、2001 年。

三、我国参加的国际公约

有关知识产权的国际条约非常多，不算区域性的国际条约，仅全球性的知识产权条约就有几十个。它们分别归世界知识产权组织、联合国教科文组织、世界贸易组织等机构管理。这其中，我国参加的公约有《成立世界知识产权组织公约》，这是我国参加的第一个知识产权国际公约；还有《巴黎公约》、《伯尔尼公约》、《世界版权公约》、《保护录音制品制作者防止未经许可复制其录音制品公约》、《专利合作条约》、《商标国际注册马德里协定》、《国际植物新品种保护条约》、TRIPs 协议等。还有一些公约我国政府已经在其最后文本上签字，但目前尚未在我国生效，比如世界知识产权组织的《集成电路知识产权条约》。另外，我国已加入世界知识产权组织的《WIPO 版权条约》和《WIPO 表演和唱片条约》。这两个条约是国际上针对网络技术发展现状于 1996 年底通过的条约，有人称为**互联网条约**。2012 年 6 月，为弥补这两个互联网条约的疏漏，世界知识产权组织又在北京签订了《视听表演北京条约》，我国政府已在该条约文本上签字。当然，也有一些国际公约我国尚未参加，但它们在知识产权国际条约中占有相当重要的地位，比如《保护表演者、音像制品制作者和广播组织罗马公约》（简称《罗马公约》）在邻接权的保护方面有着重要的作用。

目前，世界知识产权组织正在起草和讨论关于数据库保护和广播者权利的两个国际条约，以及传统知识的保护问题等；世界贸易组织已经就公共健康和知识产权的关系等问题达成框架性协议。这些都将对知识产权制度的进一步发展产生重大影响。随着经济、技术水平的提高，我国还将根据需求参加更多的国际知识产权条约，以提高我国的知识产权保护水平。

延伸阅读 《伯尔尼公约》部分条款

第六条

一、凡任何非本联盟成员方未能充分保护本联盟某一成员方国民为作者的作品时，后一国可对在作品首次发表时系前一方国民而又在任何一联盟成员方内无经常居所之作者的作品的保护加以限制。如首次发表作品成员方利用这种权利，则本联盟其他成员方对受此特殊待遇的作品无义务给予比首次发表作品成员方所给予的更广泛的保护。

二、根据前款规定所确定的任何限制均不应损害在此种限制实施之前作者就在本联盟任何一成员方发表的作品已经获得的权利。

三、根据本条对作者权利的保护施加限制的本联盟成员方应以书面声明通知世界知识产权组织总干事（以下称总干事），指出保护受到限制的国家以及为这些国家公民的作者的权利所受的各种限制。总干事应立即向本联盟所有成员方通报该项声明。

第六条之二

一、不受作者财产权的影响，甚至在上述财产权转让之后，作者仍保有主张对其作品的著作者身份的权利，并享有反对对上述作品进行任何歪曲或割裂或有损于作者声誉的其他损害的权利。

二、根据前款给予作者的权利，在其死后至少应保留到财产权期满为止，并由向之提出保护要求的国家本国法所授权的人或机构行使。但在批准或加入本公约时其法律未包括保证作者死后保护前款承认之权利的各国，有权规定这些权利中某些权利在作者死后无效。

三、为保障本条所承认的权利而采取的补救方法由向之提出保护要求的国家的法律规定。

第七条

一、本公约给予保护的期限为作者终生及其死后五十年。

二、但对于电影作品，本联盟成员方有权规定，保护期限自作品在作者同意下公映后五十年届满，如自作品摄制完成后五十年内尚未公映，则自作品摄制完成后五十年届满。

三、对于不具名作品和具笔名作品，本公约给予的保护期为自其合法向公众发表之日起五十年。但如作者采用的笔名不致引起对其身份发生任何怀疑时，该保护期则为第一款所规定的期限。如不具名作品或具笔名作品的作者在上述期间内披露其身份，则适用第一款所规定的保护期限。如果有充分理由假定其作者已死去五十年，本联盟成员方没有义务保护不具名作品或具笔名作品。

四、本联盟成员方有权以法律规定摄影作品及作为艺术品加以保护的实用美术作品的保护期限；但这一期限不应少于自该作品完成时算起二十五年。

五、作者死后的保护期和上述第二、三及四款所规定的期限应从作者死亡日或上述款项提及事情发生日起算，但这种期限只能从作者死亡后或所述事件发生后次年的一月一日开始计算。

六、本联盟成员方有权规定比前述各款规定期限为长的保护期。

七、受本公约罗马文本约束并在本公约签署时有效的本国法律中规定了比前述各款规定期限为短的保护期的本联盟成员方，有权在加入或批准本公约时保留这种期限。

八、在一切情况下，期限由向之提出保护要求的国家的法律加以规定；但除该国法律另有规定外，这个期限不得超过作品起源国规定的期限。

第七条之二

前条规定同样适用于作品的版权属于合著者共有的场合，但作者死后的保护期应从最后死亡的作者的死亡之日起算。

第八条

受本公约保护的文学艺术作品的作者，在对原著享有权利的整个保护期内，享有翻译和授权翻译其作品的专有权。

第九条

一、受本公约保护的文学艺术作品的作者，享有批准以任何方式和采取任何形式复制这些作品的专有权。

二、本联盟成员方法律有权允许在某些特殊情况下复制上述作品，只要这种复制不致损害作品的正常使用，也不致无故危害作者的利益。

三、所有录音或录像均应视为本公约所指的复制。

第四节　知识产权侵权纠纷

学材导语

在了解知识产权侵权纠纷的相关问题之前，我们先来了解一个典型案例，并请思考提出的问题。

案例索引

“王老吉”商标合同纠纷案

2000 年，广药集团授权香港鸿道集团使用“王老吉”商标，期限为 10 年。随后香港鸿道集团先后两次与广药集团签署补充协议，将商标的使用权延长。2004 年，香港鸿道集团的主席陈鸿道向广药集团副董事长李益民行贿事件被揭发，广药集团认为“王老吉”商标是在行贿的背景下被“贱租”的，因而补充协议无效。双方产生争议后，2012 年 5 月，经济贸易仲裁委员会裁定两份补充协议无效，鸿道有限公司停止使用“王老吉”商标。

然而这一纸裁定带来的不是矛盾的解决，而是一系列冲突的开始。2012 年 6 月，广药集团正式发布了自己的“红罐王老吉”，香港鸿道把产品商标名称变更为“加多宝”，双方针对红罐凉茶包装权益的所属问题从广东高院一直争到最高院。2017 年，最高人民法院二审宣判，双方可在不损害他人合法利益的前提下，共同享有“红罐王老吉凉茶”包装装潢的权益。

思考：双方的第一次争议属于何种知识产权纠纷？双方关于包装的争议又属于何种纠纷？

知识产权侵权纠纷主要是指知识产权权利人因行使知识产权或不特定第三人侵犯自己的知识产权与不特定第三人产生的争议问题。近年来，人们的知识产权维权意识越来越强，使得更多的知识产权侵权纠纷案件被搬上法庭。

一、知识产权纠纷的种类

常见的知识产权纠纷主要包括以下类型：

（一）归属权纠纷

归属权纠纷是指主体之间就谁是真正的知识产权人、谁应该拥有知识产权等所发生的争议，如该知识产权是归属于单方知识产权人还是共同知识产权人。

（二）侵权纠纷

侵权纠纷是指知识产权人与不特定第三人因侵权行为发生的争议，如未经知识产权人许可，擅自使用其知识产权所导致双方发生的纠纷。

（三）合同纠纷

合同纠纷是指知识产权转让、许可使用等合同中各方当事人因合同履行而引起的争议，如受让方超越合同授权导致双方发生的纠纷。

（四）行政纠纷

行政纠纷是指当事人对知识产权行政管理机关所作出的决定不服而引起的争议，如对有关行政机关的处理决定不服而产生的纠纷。

二、知识产权诉讼中的问题

（一）知识产权诉讼时效

侵犯知识产权的**诉讼时效为**自知识产权人知道或者应当知道侵权之日起计算 **2 年**。权利人超过 2 年起诉的，如果侵权行为在起诉时仍在持续，在该知识产权保护期内，人民法院应当判决被告停止侵权行为；侵权损害赔偿数额应当自权利人向人民法院起诉之日起向前推算 2 年计算。这在著作权、专利和商标领域都是如此。

（二）知识产权诉讼管辖

著作权民事纠纷案件，由中级以上人民法院管辖。各高级人民法院根据本辖区的实际情况，可以确定若干基层人民法院管辖第一审著作权民事纠纷案件。

专利纠纷第一审案件，由各省、自治区、直辖市人民政府所在地的中级人民法院和最高人民法院指定的中级人民法院管辖，也可以根据实际情况，由最高人民法院指定基层人民法院管辖。

商标民事纠纷第一审案件，由中级以上人民法院管辖。各高级人民法院根据本辖区的实际情况，经最高人民法院批准，可以在较大城市确定基层人民法院受理第一审商标民事纠纷案件。

2014 年 8 月 31 日，第十二届全国人大常委会第十次会议表决通过了全国人大常委会关于在北京、上海、广州设立知识产权法院的决定，北京市、上海市各中级人民法院和广州市中级人民法院不再受理知识产权民事和行政案件，广东省其他中级人民法院不再受理相关的知识产权民事案件。知识产权法院管辖所在市辖区内的下列第一审案件：（1）专利、植物新品种、集成电路布图设计、技术秘密、计算机软件民事和行政案件；（2）对国务院部门或者县级以上地方人民政府所作的涉及著作权、商标、不正当竞争等行政行为提起诉讼的行政案件；（3）涉及驰名商标认定的民事案件。特别的，部分第一审行政案件由北京知识产权法院专门管辖：（1）不服国务院部门作出的有关专利、商标、植物新品种、集成电路布图设计等知识产权的授权确权裁定或者决定的；（2）不服国务院部门作出的有关专利、植物新品种、集成电路布图设计的强制许可决定以及强制许可使用费或者报酬的裁决的；（3）不服国务院部门作出的涉及知识产权授权确权的其他行政行为的。

2018 年 10 月 26 日，第十三届全国人民代表大会常务委员会第六次会议通过的《全国人民代表大会常务委员会关于专利等知识产权案件诉讼程序若干问题的决定》规定：当事人对发明专利、实用新型专利、植物新品种、集成电路布图设计、技术秘密、计算机软件、垄断等专业技术性较强的知识产权民事案件第一审判决、裁定不服，提起上诉的，由最高人民法院审理。当事人对专利、植物新品种、集成电路布图设计、技术秘密、计算机软件、垄断等专业技术性较强的知识产权行政案件第一审判决、裁定不服，提起上诉的，由最高人民法院审理。此规定试行三年期间内，最高人民法院将作为上述案件的二审法院。

（三）知识产权诉前措施

1. 诉前禁令和财产保全

知识产权权利人有证据证明他人正在实施或者即将实施侵犯其权利的行为，如不及时制止将会使其合法权益受到难以弥补的损害的，可以在起诉前向人民法院申请采取责令停止有关行为和财产保全措施。

诉前禁令非常特别，因为在法院并没有认定侵权的情况下，就要求被告方停止有关行为，这是知识产权保护制度所特有的。

2. 证据保全

为制止侵权行为，在证据可能灭失或者以后难以取得的情况下，知识产权权利人可以在起诉前向人民法院申请保全证据。人民法院接收申请后，必须在 **48 小时内**作出裁定。裁定采取保全措施的，应当立即开始执行。人民法院可以责令申请人提供担保，申请人不提供担保的，驳回申请。申请人在人民法院采取保全措施后 **15 日内**不起诉的，人民法院应当解除保全措施。

三、知识产权的善意侵权行为

善意侵权是在**不知情**的情况下，侵犯了他人的知识产权，在这方面，专利和商标的规定是一致的，但是著作权有所不同，具体阐述如下：

（一）专利和商标

就专利来说，为生产经营目的**使用、许诺销售或者销售**不知道是未经专利权人许可而制造并出售的专利产品或者依照专利方法直接获得的产品，**能够证明其产品合法来源的**，不承担赔偿责任。同样，就商标来说，销售不知道是侵犯注册商标专用权的商品，能证明该商品是自己合法取得的并说明提供者的，不承担赔偿责任。

提醒注意：

善意侵权从性质上讲仍然是侵权行为，只不过能够证明产品合法来源的，可以不承担损害赔偿责任，但仍然承担其他责任，如停止销售行为等。

（二）著作权

复制品的出版者、制作者不能证明其出版、制作有合法授权的，复制品的发行者或者视听作品、计算机软件、录音录像制品的复制品的出租者不能证明其发行、出租的复制品有合法来源的，应当承担法律责任。这属于**过错推定的归责原则**。出版者、制作者应当对其出版、制作有合法授权承担举证责任，发行者、出租者应当对其发行或出租的复制品有合法来源承担举证责任。举证不能的，要承担法律责任。出版者侵犯他人著作权的，出版者应当根据其过错、侵权程度及损害后果等承担民事赔偿责任。出版者对出版行为的授权、稿件来源和署名、所编辑出版物的内容等未尽到合理注意义务的，应承担赔偿责任。出版者尽了合理注意义务，著作权人也无证据证明出版者应当知道其出版物涉及侵权的，出版者承担停止侵权、返还其侵权行为所得利润的民事责任。出版者所尽合理注意义务情况，由出版者承担举证责任。

在学习了上述内容后，你是否了解了知识产权中的善意侵权行为？下面请通过【练一练】来检测一下吧！

练一练

甲从书画市场上购买了乙的摄影作品《无极》，与其他摄影作品一起用于营利性展览。丙偷偷将《无极》翻拍后以自己的名义刊登在某杂志上，丁经过丙同意将刊登在某杂志上的《无极》又制作成挂历销售。请问：丁是否构成侵权？

解析：此例中丁已经尽到了合理的注意义务，但这并不意味着丁不构成侵权，因为丁并没能证明“有合法授权”，因此应该承担停止侵权、返还所得利润的民事责任。因此，本题中的丁依然构成侵权。

第二章

著作权法律制度概述

第一节　著作权法的基本问题

学材导语

通过上一章的学习，我们已经对知识产权的宏观问题有所了解了，接下来我们就开始具体的知识产权内容的学习，首先从著作权开始。本部分的主要内容包括著作权法的基本概念、著作权的客体以及计算机软件的相关著作权问题。

一、著作权与著作权法

（一）著作权的概念与特征

著作权是指文学、艺术和科学作品的**作者**就其创作的作品享有的**在法定期限内**的专有权利。依照我国现行著作权法的规定，著作权与版权同义。

著作权作为知识产权的主要组成部分，与其他形式的知识产权相比，具有其独特的性质，具体表现在以下几方面：

1. 人身权利和财产权利的统一

著作人身权与著作财产权的统一是著作权区别于其他形式的知识产权的一个特征。比如，发表权作为著作人身权的一种，往往需要和著作财产权共同行使才能达到公之于众的目的。以文字作品为例，欲实现作品的发表，作者往往要通过某种特定的物质载体将作品固定，或以公开表演或演讲的形式向不特定的多数人公开，再或者通过信息网络在互联网上公开。前述行为分别涉及著作财产权中的复制权、表演权与信息网络传播权。在此种情况下，著作财产权的实现也离不开著作人身权。

2. 思想内容与表达形式两分法

作品的思想内容与表达形式是构成作品的两个基本元素。著作权法上的思想内容和表达形式两分法是为了确立著作权的效力范围，即**著作权法只保护作品的表达形式，而不保护作品的思想内容**。之所以在立法上如此安排，主要是出于两方面的考虑：第一，如果思想也受到著作权保护，意味着他人既不能在未经著作权人许可的情况下使用相同的思想继续创作文学艺术科学领域内的作品，也不能就与该思想有关的内容发表自己的见解。这毫无疑问构成了对于思想的垄断，与法治社会的基本观念相违背。第二，牛顿曾说："如果说我看得比别人更远些，那是因为我站在巨人的肩膀上。"作品的产生也是如此。不论是人们在日常生活中的语言文字交流还是学术、艺术领域的创作，都不可避免地建立在前人的思想基础之上。在完全不借鉴他人的条件下创作作品，难度极高，几乎是一件不可能完成的事情。如此一来，社会公众的创作热情恐怕难以被激发，著作权法的立法目的也难以实现。

当然，如何对“思想”与“表达”进行准确区分，并不是一件容易的事情。对于法律概念而言，思想内容和表达形式是分离的、独立的；但对于某一特定的作品而言，两者又是统一的。特定的思想内容可能需要相应的表达形式，与思想相适应的表达形式才能传达出特定的思想。在许多情形下，思想内容与表达形式是高度统一的，这也为司法实践中如何对其进行判断提出了挑战。

3. 权利对象的可复制性

著作权的权利对象，即作品具备可复制性，作者可以自行复制或许可他人复制，包括但不限于以印刷、复印、临摹、拓印、录音、录像、翻录、翻拍等方式将作品复制为一份或者多份。任何作为著作权对象的作品都应当具备这一特征。所谓可复制性，实际上强调的是作为权利对象的作品，应当是一种可以被他人所感知的客观的外在表达。停留在内心世界的思想或者经过思考形成的“腹稿”均不能够为他人所感知、欣赏，亦无法复制，不符合著作权法对于权利对象的要求。

（二）著作权法的概念与渊源

著作权法指以著作权法律关系为调整对象的法律规范的总和。在我国的法律体系中，著作权法是以平等主体之间的人身关系和财产关系为调整对象的民事法律中专门以著作权法律关系为调整对象的部门法。

实践中的著作权法律主要包括《著作权法》《著作权法实施条例》《计算机软件保护条例》《信息网络传播权保护条例》《著作权集体管理条例》等相关法律及与著作权相关的司法解释（《最高人民法院关于审理著作权民事纠纷案件适用法律若干问题的解释》与《最高人民法院关于审理侵害信息网络传播权民事纠纷案件适用法律若干问题的规定》）。

著作权法的法律渊源指著作权法律的**表现形式**。我国著作权法的渊源包括：宪法、法律（《民法典》《著作权法》）、相关司法解释、行政法规、我国加入的国际公约和条约，以及我国与其他国家签订的双边协定等。

（三）著作权保护的两大法系

不同的法律文化之下，著作权的内容不尽相同。从比较法的角度，可将各国著作权制度大致分为两大体系：作者权体系与版权体系。两大体系的分野，主要在于如何看待作品的本质、如何解释著作权的正当性。

1. 作者权体系

作者权体系将作品的本质解释为“人格之外化”，著作权的正当性源于作品与作者的人格关联，著作权的首要意义是保护作者人格的外化形式。这是一种以作者主体人格为核心的权利观，因此被称为“著作权体系”。作者权体系的代表国家为德国和法国，欧洲大陆国家多属作者权体系。作者权体系的形成与19世纪的先验唯心主义哲学和浪漫主义美学有关。从“作品体现人格”的观念出发，作者权体系的制度构造具有以下主要特点：

（1）在作品的要件方面，把独创性解释为“体现人格的印记”；

（2）在权利的内容方面，著作权不仅包括财产利益，还包括人格利益；

（3）在权利的归属方面，只有作者才能成为原始著作权人，法人不能成为法律上的“作者”；

（4）在著作权合同方面，作者权体系偏重作者的利益，假定作者居于弱势，对合同内容进行较多的干预，往往在著作权法中设立专章规范合同，部分国家甚至赋予作者“收回权”；

（5）对于表演、录音、广播电视节目的保护，采取专门的邻接权制度加以保护；

（6）在著作权产生的手续方面，多采用自动产生原则。

2. 版权体系

版权体系是以“作品的本质系纯粹之财产”为观念基础的著作权法律体系，代表国家是英国和美国，英联邦国家和原英国殖民地国家多属版权体系。相对于作者权体系，版权体系对作品的解释更为客观、平实，作品的法律地位是如同有体物一样的财产，著作权法的目的在于合理地分配作品中的利益。如果说作者权体系以“作者”为中心，版权体系则以“作品”为中心。版权体系的制度呈现诸多有别于作者权体系的特点：

（1）对于作品的独创性，版权体系没有采取“体现人格印记”的标准；

（2）在权利内容方面，版权体系认为著作权本身是纯粹的财产权；

（3）在权利归属方面，版权体系的立法技术非常灵活，可以根据利益平衡之需要将非创作人规定为“作者”，法人、制作人都可以成为法律上的作者；

（4）在著作权合同方面，版权体系尊重契约自由，很少在著作权法中设置特别规范进行干预，而只是按照一般的民事交易规范或判例进行适当干预；

（5）邻接权方面，对于表演、录音和广播电视节目，版权体系通常纳入著作权中予以保护，不另设邻接权；

（6）在著作权的产生手续方面，版权体系比较注重权利的公示，采取非自动产生原则的国家多属版权体系；

（7）在权利的限制方面，版权体系采用“合理使用”或“合理利用”等正面表述，法官在判断著作权限制时有加大的自由裁量权，而作者权体系采用“权利例外”之表述，不允许法官作扩大解释。

在国际公约的协调之下，两大体系的差别正在缩小。我国的著作权法在总体上接近作者权体系，例如规定了著作人身权和邻接权。同时，由于我国并无作者权体系的哲学系统，因而移植具体法律制度时没有文化约束，便宜行事而兼采两大体系。

二、著作权的客体——作品

《著作权法实施条例》第 2 条规定："著作权法所称作品，是指文学、艺术和科学领域内具有独创性并能以某种有形形式复制的智力成果。"

（一）作品的特征

1. 作品要具有特定的思想内容

作品必须具有文学、艺术和科学领域内的思想、理论、概念、感情、构思、情节和人物形象等特定的内容。

2. 作品是思想或感情的表现形式

文学、艺术和科学领域的作品必须有**客观**的表现形式，诸如图书、绘画、演讲、戏曲、音乐、舞蹈等均可作为表达作者思想和感情的形式。欲成为作品，其必须是能够为他人客观感知的外在表现形式才可以。

3. 作品是一种智力创作成果

作品是作者的创造性劳动成果。著作权法保护的智力成果必须是在文学、艺术和科学领域内的成果。当然，随着技术的进步，会出现一些新形态的智力成果，它们可能既具有作品的特质，又具备工业产品的实用性。计算机软件就是一个典型例子，目前大部分国家都选择通过著作权法来对它进行保护。

4. 作品具有独创性

独创性，有学者也将其称为原创性，指作品的表达形式是独创的而不是抄袭的或复制的。它是作品**最重要**的构成条件，是区别"作品"和"复制品"的最重要的指标。一般而言，著作权法对作品的独创性要求不像专利法对可授予专利权的技术方案那样，要求有高度的创造性。独创性包括两个具体要求，一是"独"，即作品不是抄袭的和复制的，是作者独立创作完成的；二是"创"，即作品具备完整的思想内容和表现形式，具备一定水准的智力创作高度。满足上述两个条件的智力成果，即可被认定为具备著作权法上的独创性。

请从以下两个案例中分别体会作品独创性要求中的"独"与"创"：

案例一：原告张某临摹了已处于公有领域的一些油画并出版，被告李某又从原告张某的书中复制了这些油画，并出版了《地方油画库》。案件的争议焦点在于原告张某对其临摹的油画是否享有版权。法院认定尽管张某为了临摹油画付出了艰辛的努力，但是为了准确再现原作而付出的努力，如果不能形成可以被公众识别的、区别于他人源自创作者本人的贡献，其只能成为原作品的复制件，而不能成为新的作品。换句话说，张某临摹的油画不满足作品独创性中"独"的要求。[①]

案例二：A 公司为了编制当地居民的电话号码簿，派人挨家挨户收集并反复核

① 本案例改编自美国纽约南区法院于 1987 年审理的经典案例"儿童插画临摹案"，如需了解更多细节，请参阅判决书 Michael Patrick Hearn v. Susan E. Meyer，664F. Supp. 832（SDNY.，1987）。

对每一居民的电话号码，花费了大量的时间与精力。在上述工作完成后，A 公司按照居民的姓氏的字母顺序整理了一份电话簿。B 公司抄袭了 A 公司的电话簿，被 A 公司起诉到法院。那么 B 公司是否侵犯了 A 公司的著作权呢？显然，尽管 A 公司为了收集信息付出了大量的人力、物力，但其对电话簿的编排仅仅是按照最普通的姓氏字母顺序，没有体现出智力创造的因素，难以满足作品独创性中“创”的要求。①

5. 作品能够以有形的形式复制

《著作权法实施条例》第 2 条强调作品“能以某种有形形式复制”，就强调了作品必须是一种可以为他人所感知的外在表达。作品作为记录、储存和传输信息的载体和工具，只有能够以有形的形式加以复制才能够再现、传播实现其目的，从而具有保护的必要。画家郑板桥有三个关于“竹”的说法，即“眼中之竹”、“胸中之竹”和“手中之竹”。所谓“眼中之竹”是指画家对自然世界的观察；所谓“胸中之竹”是画家构思中的竹；所谓“手中之竹”即画家作品中的竹。显然，从著作权法的视角来看，“眼中之竹”与“胸中之竹”并不能被认定为“作品”。

著作权法并没有要求作品必须固定在有形载体上，而只是要求作品能够以某种有形的形式复制。这便不排除对未被录制下来的口头作品、舞台作品的保护。但是，摄影、电视等作品在其产生过程中必须先附着于某种固定载体。

（二）作品的种类

根据《著作权法》第 3 条的规定可知，作品的种类主要包括：

（1）文字作品，是指小说、诗词、散文、论文等以文字形式表现的作品。

（2）口述作品，是指即兴的演说、授课、法庭辩论等以口头语言形式表现的作品。口述作品是指用口头方式表达出来的艺术形式，也属于语言的一种形式。口述作品主要是听觉的、时间的、流动的艺术，它是以语言为表现手段，以声音为物质载体，有感而发、临时创作、即兴完成、瞬间即逝，并以口述为原始表现形式的作品。那些对预先已有的文字作品加以口头表演的作品，如诗歌或散文的朗诵则不属于口述作品。

提醒注意：

在有的版权体系国家，例如美国，要求作品必须在物质载体上固定下来才能获得著作权保护，这一要求对于口述作品的保护影响较大。我国对著作权的保护采取自动产生原则，并没有固定的要求。

---

① 本案例改编自美国联邦最高法院于 1991 年审理的、具有里程碑意义的经典案例“费斯特案”，该案改变了美国司法机关在判断“独创性”时所采用的“额头出汗”标准，而将“最低限度的创造性”作为智力成果具有“独创性”并受著作权法保护的依据。如需了解更多细节，请参阅判决书 Feist Publications v. Rural Telephone Service，499 U. S. 340（1991）。

（3）音乐作品，是指歌曲、交响乐等能够演唱或者演奏的带词或者不带词的作品。

提醒注意：

音乐作品是指曲谱，是被演唱或被演奏的对象，而非演唱或演奏这种行为。曲谱被歌手演唱或被音乐家演奏是表演行为，歌手、音乐家因演唱或演奏而享有的权利属于表演者权，对于该部分内容会在邻接权的章节进一步讨论。

（4）戏剧作品，是指将人的连续动作同人的说唱表演和表白有机地编排在一起并通过表演来反映某一事物变化过程的作品，比如话剧、歌剧、地方戏剧、广播剧等。戏剧作品作为一个综合性艺术作品，剧本虽是其组成部分，但戏剧作品不等于剧本。

（5）曲艺作品，是指相声、快书、大鼓、评书等以说唱为主要形式表演的作品。

（6）舞蹈作品，是指通过连续的动作、姿势、表情等表现思想情感的作品。

（7）杂技艺术作品，是指杂技、魔术、马戏等通过形体动作和技巧表现的作品。

（8）美术作品，是指绘画、书法、雕塑等以线条、色彩或者其他方式构成的有审美意义的平面或者立体的造型艺术作品。

（9）建筑作品，是指以建筑物或者构筑物形式表现的有审美意义的作品。

提醒注意：

建筑物并不等于建筑作品。一个建筑要构成著作权中的作品，必须具有审美意义。

（10）摄影作品，是指借助器械在感光材料或者其他介质上记录客观物体形象的艺术作品。

（11）视听作品，是指摄制在一定介质上，由一系列有伴音或者无伴音的画面组成，并且借助适当装置放映或者以其他方式传播的作品。

（12）图形作品，是指为施工、生产绘制的工程设计图、产品设计图，以及反映地理现象、说明事物原理或者结构的地图、示意图等作品。

（13）模型作品，是指为展示、试验或者观测等用途，根据物体的形状和结构，按照一定比例制成的立体作品。

（14）计算机软件，包括程序和文档。计算机软件也可以归类为文字作品。

（15）民间文学艺术作品，是指在本国境内，由被认定为该国国民的作者或种族集体创作，经世代流传而构成传统文化遗产基本成分之一的一切文学、艺术和科学作品。《著作权法》第6条规定："民间文学艺术作品的著作权保护办法由国务院另行规定。"民间文学艺术作品和著作权法所称"作品"还是有很大的区别的，故对于如何实现这种保护，目前还缺乏比较成熟的方案。世界上保护民间文学艺术作品的大多数是发展中国家。

延伸阅读

关于民间文学艺术作品的保护问题，可以参阅毛克盾的学术论文《民间文学艺术作品的特别法保护模式研究》。

（三）著作权法不予保护的对象

1. 官方文件

法律、法规、国家机关的决议、决定、命令和其他具有立法、行政、司法性质的文件，及其官方正式译文。

事实上，上述官方文件完全可能是符合“独创性”要求的作品，例如由中华人民共和国商务部条约法律司翻译并公布的《伯尔尼公约》的中译本，其必然是相关翻译人员的智力创作成果，为什么不能受到著作权法的保护呢？这主要是考虑到官方文件往往涉及广大社会公众的利益甚至国家利益，国家希望相关的文件能够尽可能多地被复制传播，公众也尽可能多地去了解。著作权法对于作品的保护，在此种情况下显然不是必要的。

2. 时事新闻

时事新闻是指通过报纸、期刊、广播电台、电视台等媒体报道的单纯事实消息。传播报道他人采编的时事新闻，应当注明出处。“单纯的事实消息”之所以不能够受到著作权法的保护，在于其仅仅通过非常简单的语言描述了相应的事实，不能够被认定为作品；而对于那些加入了文学艺术创作手法的新闻评述，其由于具备“独创性”，受到著作权法的保护。

3. 历法、通用数表、通用表格和公式

上述数表、公式可能在设计上符合“独创性”的要求，但往往已经流传、使用多年，早已为普通公众所熟悉，并进入社会的公有领域，不适宜为任何人所垄断。

关于著作权法不予保护的对象中，你对官方文件这一类型是否理解透彻了呢？请通过下面的【练一练】来检测一下吧！

练一练

法律、法规等官方文件的个人翻译成果，是否受著作权法的保护？

解析：一般的官方文件是不受著作权法的保护的，但是如果是对官方文件的翻译后形成的新的成果是受到著作权法的保护的，因为其形成了新的作品，体现了翻译者的创新，是翻译者的智力成果。因此本题的正确答案是：对于法律、法规等官方文件的个人翻译成果，是受到著作权法的保护的。

延伸阅读　禁止出版的作品是否享有著作权？

禁止出版的作品也被称为“违禁作品”，对于“违禁作品”是否享有著作权，主要有两种观点。第一种观点坚持违禁作品不享有著作权，原因在于：首先，违禁作品违反了公序良俗，损害了公共利益；其次，民事权利应当合法，违反法律或者公共利益的行为自然不能享有权利；最后，著作权在创作完成时自动产生，并不意味着任何作品均产生著作权。第二种观点坚持违禁作品也享有著作权，原因在于：首先，著作权法只应规范民事法律关系，而对违禁作品的管制是行政法中的新闻出版法的任务；其次，作品内容是否违法，只有在其发表后才能评判；再次，判断作品违法与否的标准会随时间的推移而变化，因此否定违禁作品的著作权，会增加著作权法操作上的困难；最后，剥夺违禁作品的著作权，任何人都可以随意使用而无须承担民事责任，其结果反而方便违禁作品的传播。

按照学界通说，一般认为依法禁止出版、传播的反动的作品不受著作权法保护。我国《宪法》第 35 条规定，公民有言论、出版、集会、结社、游行、示威的自由。但是，这些自由的行使在任何国家都不是绝对的，应当在宪法和法律规定的范围以内行使。《伯尔尼公约》第 17 条规定缔约方政府有权根据本国法律或行政法规禁止某些作品的流通、发表和展览。这就是说，只要法律或行政法规有规定，就可以禁止作品的出版和传播。为了与公约一致，2010 年我国《著作权法》修订第 4 条：“著作权人行使著作权，不得违反宪法和法律，不得损害公共利益。国家对作品的出版、传播依法进行监督管理。”根据此条规定，违禁作品不再是不受著作权法保护的作品，而是在符合作品要件时，能够获得著作权，但权利的行使要受法律限制。一般而言，违禁作品不享有著作权的积极权利，但可以享有消极权利，如停止侵害的权利。

三、计算机软件著作权

（一）计算机软件的概念

计算机软件，是指计算机程序及其有关文档。计算机程序，是指为了得到某种结果而可以由计算机等具有信息处理能力的装置执行的代码化指令序列，或者可以被自动转换成代码化指令序列的符号化指令序列或者符号化语句序列。同一计算机程序的源程序和目标程序为同一作品。文档，是指用来描述程序的内容、组成、设计、功能规格、开发情况、测试结果及使用方法的文字资料和图表等，如程序设计说明书、流程图、用户手册等。受法律保护的计算机软件必须由**开发者独立**开发，并已**固定在某种有形物体上**，例如磁盘、光盘、U 盘、移动硬盘等。实践中，著作权法对于计算机软件著作权的保护不延及开发软件所用的思想、处理过程、操作方法或者数学概念等。

（二）正版软件用户的权利

计算机软件的合法复制品所有人享有下列权利：

（1）根据使用的需要把该软件装入计算机等具有信息处理能力的装置内。

（2）为了防止复制品损坏而制作备份复制品。但这些备份复制品不得通过任何方式提供给他人使用，并在所有人丧失该合法复制品的所有权时，负责将备份复制品销毁。

（3）为了把该计算机软件用于实际的计算机应用环境或者改进其功能、性能而进行必要的修改；但是除合同另有约定外，未经软件著作权人许可，合法复制品所有人不得向任何第三方提供修改后的软件。

练一练

实践中，有许多因为提供网络游戏“外挂”而引发的争议。那么，如果“外挂”在运行过程中修改了游戏软件中的数据（比如人物的血值、武器的攻击系数等），是否构成对计算机软件作品著作权的侵害？

解析：一般认为，如果“外挂”仅仅修改了游戏软件中的数据，并没有改编代码化指令序列，即著作权法所直接保护的客体，则不构成对计算机软件作品著作权的侵害。

（三）计算机软件的合理使用

为了**学习和研究计算机**软件内含的设计思想和原理，通过安装、显示、传输或者存储软件等方式使用软件的，可以不经软件著作权人许可，不向其支付报酬。

延伸阅读　计算机软件如何成为著作权法上的作品？

对比计算机程序与传统著作权法所保护的客体（如文字作品、音乐作品、美术作品等）作对比，不难发现两者存在着很大的差别。传统著作权法所保护的客体主要涉及的是文学、艺术和科学领域内，在内容和形式上具有“独创性”的智力成果。虽然不同的客体之间多有差异，但至少在外观上，这些传统的作品类型都具有不同层次的美感与创造性。计算机程序是由一系列指令与代码构成，用于指挥计算机完成特定的任务，考虑到著作权法不保护设计思想和实用功能，因此著作权法仅仅保护计算机程序的具体的指令与代码。这带来的直接问题就是计算机程序中最具价值的设计思想和实用功能，无法受到著作权法的保护。那么为什么要选择用著作权法来保护计算机软件呢？

其实，在究竟应当以何种法律制度设计来保护计算机程序的问题上，各国曾经发生过激烈的争论，绝大多数国家并不赞成用著作权法保护核心价值体现为实用功能的计算机程序。有学者提出计算机程序不应作为著作权法意义上的作品，最多只能作为其他有价值的劳动成果受到邻接权保护。但美国作为世界上软件业最发达的国家，极力主张应当将计算机程序视为作品加以保护。其中的原因在于，世界上大多数国家已经加入了《伯尔尼公约》这个世界性的条约，如果计算机程序被承认为作品，根据《伯尔尼公约》规定的自动保护原则，开发完成的计算机程序将自动在全体《伯尔尼公约》的成员方受到高水平的保护，这对于在全世界范围内保护美国等国家领先的软件产业是极为有利的。例如日本就是在美国的压力下修改其著作权法，将计算机程序作为著作权法的客体。但是正如前文所说，由于计算机程序中最具有价值的实用功能无法受到著作权法的保护，美国等国家正在积极推动利用专利法进一步保护计算机程序的法律机制。

第二节 著作权的内容

学材导语

通过上一节的学习，我们掌握了著作权客体即作品的相关知识，在本节的学习中，需要重点掌握的是著作权的内容，包括著作人身权与著作财产权，这一部分内容是著作权的核心。

所谓著作权的内容，主要是指著作权人对其作品享有的人身权利和财产权利。

一、著作人身权

（一）含义

著作人身权是指著作权中与著作权人的人身利益密切相关的权利。它是指因完成文学、艺术、科学技术的创造性劳动，就其作品所享有的法律赋予作者的与其名誉、声望以及其他人身利益相关的权利。著作权中的人身权除受《著作权法》的保护外，还受到民法的一般性保护。

（二）主要内容

1. 发表权

发表权，即决定作品是否公之于众的权利。公之于众，是指著作权人自行或者他人经著作权人许可后将作品向不特定的人公开，但这种“公开”不以公众必然知晓为构成条件。作者生前未发表的作品，如果作者未明确表示不发表，作者死亡后50年内，其发表权可由继承人或者受遗赠人行使；没有继承人又无人受遗赠的，由原件的所有人行使。

发表权具有以下三个方面的特征：

（1）发表的本质特征是向不特定的多数人公开提供。只要作者将其作品向不特定数量众多的人公开即为发表。如果向特定范围内的某些人公开或者一些彼此之间因身份关系互相关联的人公开，则不构成发表。

（2）发表权是**受第三人权利限制**的权利。有些作品的内容涉及其他公民的权益，如美术作品、摄影作品中包含了他人的面部图像，此时作品是否发表不仅与作者的人身利益密切相关，而且涉及该第三人的人身权益。因此，为了保护作品描述的或涉及的他人权益，作品的发表不仅取决于作者个人的意志，还要取得相关的第三人的同意。

（3）发表行为**只能行使一次**。作品一经作者向不特定的多数人公开之后，作者“发表”的目的即告彻底完成，相关权利亦宣告彻底实现。因而发表权只能行使一次，同一作品不能够被发表两次或两次以上。

2. 署名权

署名权，也称为姓名表示权，即作者可以决定在其创作的作品以及作品的复制件上，怎样标示作品来源的权利。署名权在某种程度上可以说是是一种永恒的权利，并**不受到时间期限**的限制。

署名权系一种表明作者身份、在作品上署名的权利，是著作人身权的核心权利。作者与作品的关系经常被比喻成父亲与儿子的关系，署名权实际上就是在反映作者与作品之间的这种“亲缘”关系。对于署名权的保护不仅体现了对于作者创作行为的尊重与认可，也是满足公众对于作品知情权的必然要求。值得注意的是，署名权并不仅仅只能由自然人享有，被视同为作者的法人和非法人组织同样拥有署名权。

案例索引

1993年，某拍卖公司拍卖了一张绘画作品，引起了知识产权业内人士和海内外新闻媒体的广泛关注，原因在于该作品的署名是某著名艺术大师。但随后该艺术大师向法院提起诉讼，声称其从未创作过该幅画作，在他人创作的画作上署自己的姓名是侵权行为。后经司法鉴定，此绘画作品确实并非该艺术大师所作，绘画上的签名也非出自其笔，人民法院认定该画为伪作，并将该行为认定为侵犯著作权。

请思考：制作冒名作品的行为是否侵犯著作权中的署名权？

3. 修改权

修改权，即作者本人修改或者授权他人修改作品的权利。根据全国人民代表大会常务委员会法制工作委员会主编的《中华人民共和国著作权法释义》，“修改是对作品内容作局部的变更以及文字、用语的修正”。因此，修改的程度应当保持在一定的范围之内，对原作品进行修改的结果一旦是产生了独立的新作品，就不再是修改行为，而成为改编行为。

对于修改权，不少人容易将其与著作人身权的第四项“保护作品完整权”相混淆，认为修改权与保护作品完整权是“一种权利的正反两个方面”，不少司法判决也喜欢直接判定被告同时侵犯了著作权人的修改权与保护作品完整权。但实际上，二者的制度功能完全不同：修改权旨在保护作者的修改自由，他人不得干涉作者修改作品；而保护作品完整权旨在保持作品原貌，他人不得擅自修改作者的作品。未经许可修改作品没有体现作者的意愿，就不是修改而是篡改，并非侵犯修改权。所以侵犯修改权的表现是妨碍作者的修改自由，而不是擅自篡改作品。

值得注意的是，修改权同著作权的其他权利一样，不是绝对的。修改权通常很难对抗物权，比如作者如果想修改物权已经归属于他人的美术作品，必须取得美术作品所有权人的同意。如果美术作品的所有权人拒绝作者的修改行为，那么作者的修改权便无从行使。

4. 保护作品完整权

保护作品完整权，即保护作品不受歪曲、篡改的权利。歪曲是指故意改变事物的真相或内容，篡改则是用不正当的手段对作品进行改动或曲解。保护作品完整权观其表面是为了保持作品的原貌，为什么作为一项著作人身权而受到法律的保护呢？这是因为保护作品完整权的目的不在于保护作品的完整性，而在于保护作品中体现的作者人格的完整性。如果对作品的修改实质性地改变了作者在作品中原本想要表达的思想情感，影响到了作者的人格利益，那么就侵犯了保护作品完整权。

但是，在实践中认定侵权行为时，我们必须保持理性客观的态度，不能简单地将作品等同于人格，认为任何对作品进行改动的行为都侵犯了作者的保护作品完整权。比如《著作权法实施条例》第10条规定：“著作权人许可他人将其作品摄制成电影作品和类似摄制电影的方法创作的作品（现行《著作权法》统一称为视听作品）的，视为已同意对其作品进行必要的改动，但是这种改动不得歪曲篡改原作品。”从上述规定不难看出，对于视听作品而言，“必要的改动”并不属于“歪曲篡改”。

提醒注意：

著作人身权具有不可转让性，通常专属于作者。按照《民法典》继承编和《著作权法》的规定，著作人身权不能作为继承的标的。但同时，《著作权法》也规定了作者的署名权、修改权、保护作品完整权不受时间限制。根据《著作权法实施条例》第15条的规定，作者死亡后，其著作权中的署名权、修改权和保护作品完整权由作者的继承人或者受遗赠人保护。著作权无人继承又无人受遗赠的，其署名权、修改权和保护作品完整权由著作权行政管理部门保护。

二、著作财产权

（一）含义

著作财产权指作者就其作品享有的**具有财产性内容**的权利。通过对作品进行特定形式的利用，作者可以获得一定的财产利益。我国《著作权法》第10条第5项至第17项，列举了以获得财产利益为目的的利用作品的权能，即使用权和获得报酬权，包括以复制、表演、播放、展览、发行、摄制电影电视、录像或改编、翻译、注释、编辑等方式使用作品的权利，以及许可他人以上述方式使用作品，并由此获得报酬的权利。

（二）主要内容

1. 使用权

（1）复制权，即以印刷、复印、拓印、录音、录像、翻录、翻拍等方式将作品制作一份或者多份的权利。复制权是著作财产权中最为核心的权利，在著作权法律制度诞生之初，著作权人所享有的主要权利之一就是复制权。可以说，只要复制权能够得到有效的保护，著作权人的经济利益基本上就可以受到基本的保障。

复制行为具有多样性，只要在新的物质载体上再现了原来的作品，就构成对原作品的复制行为。为了方便大家理解，我们将实践中的复制行为大致分为五类（见表2-1）。

表2-1 复制行为的类型

类型	概念	实例
“从平面到平面”的复制	作品在被复制之前被固定在平面载体之上，被复制之后仍然被固定在同种或另一种平面载体之上。	录音带翻录、照片翻拍、网上下载等。
“从平面到立体”的复制	作品在被复制之前是被固定在平面载体之上的，被复制之后被固定在立体载体之上。	依照美术作品来制作立体艺术品、根据建筑平面设计图建造建筑物。
“从立体到平面”的复制	作品在被复制之前是被固定在立体载体之上，被复制之后体现在平面载体之上。	博物馆为了制作档案资料，而对雕刻作品或美术作品等进行拍摄。
“从立体到立体”的复制	作品被复制之前被固定在立体载体之上的，被复制之后仍然被固在立体载体之上。	以某一雕塑为模板，制作出来缩小版的、外形一致的雕塑。
“从没有载体到有载体”的复制	作品本身没有被载体固定，将作品固定在物质载体之上，形成了作品的有形载体复制件。	他人发表即兴演讲，创造了“口述作品”，其他人通过录音将其录制下来，则“口述作品”被固定在了物质载体之上。

（2）发行权，即以出售或者赠与方式向公众提供作品的原件或者复制件的权利。当然，在实际生活中，直接向公众提供作品原件的行为还是比较罕见的，对于非数字形态创作的作品，其原件毕竟只有一份。因此，发行权主要是作者用来控制向公众提供作品的复制件行为的一项权利。

发行权所针对的行为，至少应该满足以下两个条件：第一，发行行为应当是面向“公众”的行为，即只有对不特定的公众提供作品的原件或者复制件才能被认为是“发行”，例如公开出版一本图书、公开展出一幅美术作品等。如果仅仅是将自己作品的手稿复印两份送给自己的朋友，并不属于我们这里所说的“发行”。第二，发行行为通过转移作品有形物质载体的方式进行。所谓“有形物质载体”，就是指固定着作品的载体，比如固定着文字作品的载体——书本，再比如固定着音乐作品的载体——CD 光盘等。是否转移物质载体，是将“发行”与后文要提到的“广播”“表演”“展览”等行为进行清晰区分的关键。

延伸阅读　发行权穷竭原则

为了避免发行权对作品的商业流通造成过度阻碍，知识产权理论确立了“发行权穷竭原则”。“发行权穷竭原则”的基本含义是，如果作品原件或复制件的首次发行已经征得了著作权人的许可，则著作权人对该原件或复制件的发行权就已经行使完毕，如果有第三人想进一步处分该原件或复制件，则其无须征得著作权人的许可。换句话说，著作权人只能控制作品原件或者复制件的首次发行，第三人一旦合法的取得作品载体的所有权之后，不论其将原件或复制件进行转售还是赠与他人，都不会侵犯著作权人的发行权。

因此“发行权穷竭原则”又被称为“首次销售理论”。当然，如果作品的复制件是非法取得的，也就是说它投入市场并没有征得著作权人的许可，那么这种情况下发行权不会发生“发行权穷竭”，著作权人有权要求相关人士停止对该复制件的发行。

（3）出租权，即有偿许可他人临时使用视听作品、计算机软件的权利，计算机软件不是出租的主要标的的除外。出租权和发行权具有相当程度的相似性，因为这两项权利所针对的行为具有一个共同特征，那就是涉及对作品物质载体的转移。两者的区别则在于，“发行”是转移作品载体的所有权，而“出租”转移的是对物质载体的占有。在一些国家的立法中（例如美国），著作权法将出租权视为发行权的一种特殊形式。

我国著作权法将有关作品的出租权赋予了视听作品和计算机软件这两类作品的权利人，因此，向公众出租上述三类作品需要经过著作权人许可。但是对计算机软件而言，如果计算机软件并非出租的主要标的，而是作为被出租物中一个附属存在的，那么该出租行为并不需要获得计算机软件著作权人的许可。例如某人从事出租游艇的业务，游艇中的电脑控制设备必然包含着装备了计算机软件的芯片。但是该计算机软件显然并非出租的主要标的。因此，未经计算机软件著作权人许可，出租含有该计算机软件的游艇，并非侵犯出租权的行为。

（4）展览权，即公开陈列美术作品、摄影作品的原件或者复制件的权利。根据上述定义可知，只有美术作品和摄影作品这两类作品的著作权人，才享有展览作品的专有权利。因此，如果有人未经许可，将某侦探小说著作权人已经发表过的手稿进行公开展览，并不侵犯著作财产权中的展览权。

值得注意的是，我国著作权法对展览权规定了一个非常重要的例外。《著作权法》第 20 条第 1 款规定："作品原件所有权的转移，不改变作品著作权的归属，但美术、摄影作品原件的展览权由原件所有人享有。"之所以出现这一规定，正是立法者考虑到了美术作品原件与普通作品原件具有完全不同的意义和价值。对于其他许多类型的作品而言，原件和复制件的区别意义不大。比如对一本小说而言，作者在电脑中打印的初稿与刊印出版的图书在价值上没有区别。但是美术作品则不然，其原件和复制件在价值上差异极大，许多世界级画家的作品原件在拍卖机构动辄就可以拍卖到上百万元，甚至上千万元的高价，而复制品则在大街小巷随处可见、十分廉价。因此如果美术作品原件的展览权仍然归属于著作权人，那么将导致著作权人与原件所有权人之间的利益严重失衡。

（5）表演权，即公开表演作品，以及用各种手段公开播送作品的表演的权利，两者的含义具体如表 2-2 所示。

表 2-2　表演权的含义

立法表述	概念	实例
"公开表演作品"	即常说的"活表演"，或者称为"现场表演"，指的是演员直接或者借助技术设备以动作、声音、表情公开再现作品或者演奏作品。	如在公开场合对诗歌进行朗诵、对音乐进行演奏、对歌曲进行演唱、表演舞蹈、对剧本进行演出等。
"用各种手段公开播送作品的表演"	即"机械表演"，指的是借助录音机、录像机等技术设备将前述表演公开传播，即以机械的方式传播作品的表演。	如在商场、机场、火车站等场所播放背景音乐或电影视频等行为。

（6）放映权，即通过放映机、幻灯机等技术设备公开再现美术、摄影、视听作品等的权利。这里说的"公开再现"，是指个人或家庭以外的放映，即这种放映是面向公众的，并且不管是否营利。只要是公开放映的行为，就应属于著作权人放映权的规制范围之内。

（7）广播权，即以无线方式公开广播或者传播作品，以有线传播或者转播的方式向公众传播广播的作品，以及通过扩音器或者其他传送符号、声音、图像的类似工具向公众传播广播的作品的权利。

（8）信息网络传播权，即以有线或者无线方式向公众提供作品，使公众可以在其个人选定的时间和地点获得作品的权利。信息网络传播权是具有"网络时代气息"的一项权利。在互联网出现以前，想要对作品进行传播，只能通过作品的传播者，"单向"地向公众提供作品，想要接触作品的公众只能被动接受，在作品传播者选定的时间或指定的地点去欣赏作品。比如某电视台在周三下午 2 点播出某档节目，那么希望欣赏这个节目的观众，就只能选择在周三下午 2 点这一时间段进行观看。此外，现场表演、机械表演、收听广播、观看展览等这些传播作品行为，均属于“单向传播”的行为，总是要受到时间或者地点的限制。

互联网使作品和著作权法产生了革命性的变化。“信息网络传播”是一种双向的、交互式传播。如何理解“交互式”呢？在互联网中，任何一个用户均可在任何一台联网的电脑上，在自己选定的地点、自己选定的时间，点击相关的文件进行下载或选择在线收看。换句话说，在上述这种传播行为下，观看作品的主动权掌握在公众手中，也就是实现了我们所谓的“交互式传播”。

（9）摄制权，即以摄制视听作品的方法将作品固定在载体上的权利。因此，如果想要将他人所写的小说或者戏剧拍摄成电影、电视剧等作品，必须要经过著作权人的许可。

（10）改编权，即改变作品，创作出具有独创性的新作品的权利。改编是以原作品即首次出现的作品为基础，对原有形式进行解剖与重组，创作新的作品形式的行为。改编是一种再创作，也被称为“演绎制作”“二度创作”“衍生创作”等。实践中的改编行为十分常见，比如将某一长篇小说改变成一部电视剧，将某一抒情歌曲改变为节奏欢快的民谣，将漫画改变为电影，等等。

对比学习

改编权与改编者权

改编权与改编者权不同，改编权是著作权人对原作进行二度创作的权利；改编者权是改编者（可能是作者本人，但实践中更多情况下是获得作者许可的其他人）经过二度创作后，基于新的作品而产生的权利。改编者将作品再度创作，赋予其新的形式，那么改编者可以就这种新的形式享有新的著作权。

练一练

根据所学内容，说说你所理解的修改权与改编权之间有什么不同。

解析：修改权是著作人身权，修改是局部修改，修改完之后还是原作品；改编权是著作财产权，改编是一种实质性的、全局性的修改，改编完之后形成一部不同于原作品的新作品。

（11）翻译权，即将作品从一种语言文字转换成另一种语言文字的权利。翻译权在国际著作权保护中具有十分重要的地位，著作权人可以凭借翻译权对他人翻译自己作品并出版的行为进行控制，从而获取新的经济利益。例如，将莫言先生所著的《檀香刑》一书翻译成英语出版，就是受到莫言先生翻译权所控制的行为。

（12）汇编权，即将作品或者作品的片段通过选择或者编排，汇集成新作品的权利。同改编权、翻译权一样，汇编权也是利用原有的作品形成新作品的权利，但汇编行为的独特性体现在汇编并不改变原作品的表达，而是将原有的作品或作品片段进行选择与汇集编排。

2. 许可使用权

许可使用权，是指著作权人依法享有的许可他人使用作品并获得报酬的权利。使用他人作品，应当同著作权人订立许可使用合同，但属于法定使用许可情形的除外。许可使用合同包括下列主要内容：许可使用的权利种类，如复制权、翻译权等；许可使用的权利是专有使用权或非专有使用权；许可使用的地域范围、期间；付酬标准和方法；违约责任；双方认为需要约定的其他内容。使用许可合同未明确许可的权利，未经著作权人同意，另一当事人不得行使。

3. 转让权

转让权，是指著作权人依法享有的转让使用权中的一项或多项权利并获得报酬的权利。转让的标的不能是著作人身权，只能是**著作财产权中的使用权**，可以转让使用权中的一项或多项或全部权利。转让作品的使用权，应当订立**书面合同**。

4. 获得报酬权

获得报酬权，是指著作权人依法享有的因作品的使用或转让而获得报酬的权利。获得报酬权通常是从使用权、许可使用权或转让权中派生出来的财产权，是使用权、许可使用权或转让权必然包含的内容。但获得报酬权有时又具有独立存在的价值，并非完全属于使用权、许可使用权或转让权的附属权利。如在法定许可使用的情况下，他人使用作品可以不经著作权人同意，但必须按规定支付报酬。此时著作权人享有的获得报酬权就是独立存在的，与使用权、许可使用权或转让权没有直接联系。使用作品的付酬标准可以由当事人约定，也可以按照著作权行政管理部门会同有关部门制定的付酬标准支付报酬。当事人没有约定或者约定不明确的，按照国家规定的报酬标准支付报酬。

提醒注意：

著作财产权与著作人身权的特征有所不同，其可以被转让或继承，且对著作财产权的保护受到时间期限的限制。

学习完上述内容之后，你对著作人身权和著作财产权的类型与含义是否都掌握了呢？请通过下面的【练一练】来检测一下吧！

练一练

（多项选择题）下列哪些权利属于著作财产权？（　　）

A. 表演权　　B. 修改权　　C. 改编权　　D. 广播权

解析：表演权、改编权和广播权属于著作财产权，只有修改权是著作人身权的内容，因此本题应选择 ACD。

第三节　著作权的主体与归属

学材导语

通过前两节的学习，我们已经掌握了著作权的客体和内容的知识了。本节主要探讨著作权的主体与归属问题，其中对特殊作品的著作权归属进行理解有一定的难度，需重点掌握。

一、一般意义上的著作权主体

著作权的主体即著作权人，依据我国《著作权法》第 9 条的规定，著作权人包括作者和其他依照本法享有著作权的自然人、法人或者非法人组织。

（一）作者

法律规定自然人为作者，是对客观事实的尊重与肯定。但是，在特定情况下，为了满足某种利益需求，在法律上也可以把自然人以外的其他民事主体视为作者，给它们以作者的法律资格。这也就是说，本来是自然人创作的作品，通过法律规定，把作者的身份赋予自然人以外的其他主体。

创作作品的自然人是作者。这里的创作，是指直接产生文学、艺术和科学作品的智力活动。为他人创作进行组织工作，提供咨询意见、物质条件，或者进行其他辅助工作，均不视为创作。因此从事上述一系列行为的人员不能成为作者。根据《著作权法》第 12 条的规定，如无相反证明，**在作品上署名的自然人、法人或者非法人组织为作者**。这一规定的法律意义在于推定署名的人即是作者，享有作者的权利。这一推定源自**著作权自动产生**的特点。它一方面减轻了作者在行使著作权时对自己身份的举证责任，另一方面也为法官判定著作权人资格提供了初步依据。

提醒注意：

著作权可以授权著作权集体管理组织行使，著作权集体管理组织被授权后，可以以自己的名义为著作权人与著作权有关的权利人主张权利，并可以作为当事人进行涉及著作权或者与著作权有关的权利的诉讼、仲裁活动。

创作是一种事实行为，而非法律行为，不受自然人行为能力状况的限制，但创作成果必须符合作品的条件，创作主体才能取得作者的身份。如 5 岁的小明随性创作的一幅画作，具有作品的特征，则该幅画作完全可以获得著作权法的保护，5 岁的小明为该幅画作的作者。

（二）继受著作权人

继受著作权人是相对于原始著作权人而言的。原始著作权人是著作权产生时所依附的主体，它只能是作者、法人或者非法人组织。而继受著作权人是非因自己的创作，而是基于其他法律事实而获得著作权的人。继受人是指因发生继承、赠与、遗赠或受让等法律事实而取得著作财产权的人。继受著作权人包括继承人、受赠人、受遗赠人、受让人、作品原件的合法持有人和国家。继受著作权人只能成为著作财产权的继受主体，而不能成为著作人身权的继受主体，因为著作人身权具有不可转让性。

（三）外国人和无国籍人

只要符合下列条件之一，外国人、无国籍人的作品即受我国著作权法保护：

（1）外国人、无国籍人的作品根据其作者所属国或者经常居住地国同中国签订的协议或者共同参加的国际条约享有著作权的。

（2）其作品首先在中国境内出版的。在中国境外首先出版，30 日内又在中国境内出版的，视为该作品同时在中国境内出版。

（3）未与中国签订协议或者共同参加国际条约的国家的作者以及无国籍人的作品首次在中国参加的国际条约的成员方出版的，或者在成员方和非成员方同时出版的。

二、特殊作品的著作权归属

（一）演绎作品

演绎作品，又称派生作品，即改编、翻译、注释、整理已有作品而产生的作品，其著作权由改编、翻译、注释、整理人享有，但其在行使著作权时，不得侵犯原作品的著作权。如日本作家村上春树创作了小说《1Q84》，施小炜将该部小说翻译成中文，那么日文小说《1Q84》是原作品，其著作权由村上春树享有，施小炜将原作品翻译后形成的中文版《1Q84》是一部以原作品为基础，但又融入翻译者创作心血的新的作品——演绎作品，翻译者施小炜对其享有著作权。

提醒注意：

所有的演绎作品都离不开原作品，所以，其相关著作权的行使有赖于原作品著作权人的许可。演绎行为应当获得原作者的授权。另外，第三人使用演绎作品的行为，应当征得演绎作者和原作者双方的授权。

演绎作品及其使用的法律关系可以用图 2-1 表示。

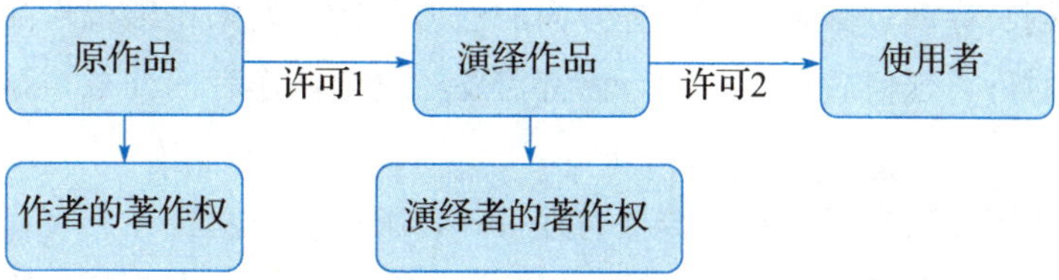

图2-1 演绎作品及其使用的法律关系

（二）合作作品

合作作品，是指两人以上合作创作的作品，著作权由**合作作者共同**享有。没有参加创作的人，不能成为合作作者。合作作品可以分割使用的，作者对各自创作的部分可以单独享有著作权，但行使著作权时不得侵犯合作作品整体的著作权。合作作品不可以分割使用的，其著作权由各合作作者共同享有，通过协商一致行使；不能协商一致，又无正当理由的，任何一方不得阻止他方行使**除转让以外**的其他权利，但是所得收益应当合理分配给所有合作作者。

提醒注意：

合作作品不可分割使用的情况，其权利行使规则可概括为：无一致，不转让；无理由，不阻挠；有收益，大家分。

（三）汇编作品

汇编若干作品、作品的片段或者不构成作品的数据或者其他材料，对其**内容的选择或者编排**体现**独创性**的作品，为汇编作品。报纸、期刊等都是常见的汇编作品。汇编作品的构成成分既可以是受著作权法保护的作品及片段，如论文、词条、诗词、图片等，也可以是不受著作权法保护的数据或者其他材料，如法律法规、股市信息等。汇编作品受法律保护的原因在于其在材料的选择或编排上体现独创性。

汇编作品的著作权**由汇编人享有**，但行使著作权时，**不得侵犯原作品的著作权**。由于汇编权是作者的专有权利，因而汇编他人受著作权法保护的作品或作品片段时，应征得他人的同意，并不得侵犯他人对作品享有的发表权、署名权、保护作品完整权和获得报酬权等著作权。

（四）影视作品

影视作品，是指视听作品。一方面，影视作品是一类特殊的演绎作品，因为拍摄影视作品往往都需要将原先存在的小说或戏剧改编成影视剧本，再根据剧本进行拍摄，由此形成的影视作品是小说或戏剧的“演绎作品”。但是如果将影视作品当作一般的演绎作品来对待，对影视作品的再利用需要经过原作品著作权人和影视作品著作权人的双重许可，显然会给电影的发行传播带来很大的阻碍。另一方面，影视作品是一类特殊的合作作品，影视作品是比较复杂、系统的智力创作工程，需要制片者、编剧、导演、摄影、演员等方面的通力合作。如果将影视作品当作一般的合作作品来对待，任何后续的利用行为都需要经过全体作者的同意，显然也会带来很大的问题。

因此，为了便于影视作品的传播与发行，各国著作权法都在影视作品著作权归属这一问题上作出了巧妙的制度设计。以我国著作权法的规定为例，影视作品的著作权**由制片者享有**，而编剧、导演、摄影、作词、作曲等作者**享有署名权**，并有权按照与制片者签订的合同**获得报酬**。影视作品中的剧本、音乐等可以单独使用的作品，其作者有权单独行使其著作权。

（五）作者身份不明的作品

作者身份不明的作品，是指从通常途径不能查明作者身份的作品。如果一件作品未署名，或署了鲜为人知的笔名，但作品原件持有人或收稿单位确知作者的真实身份，不属于作品身份不明的作品。

作者身份不明的作品，由**作品原件的所有人行使除署名权以外的著作权**。作者身份确定后，由作者或者其继承人行使著作权。作者身份不明的作品，其著作财产权的保护期截止于作品首次发表后第 50 年的 12 月 31 日。作者身份确定后，适用《著作权法》的一般规定。

（六）职务作品

1. 职务作品的概念

职务作品是指自然人为完成法人或者非法人组织工作任务所创作的作品。职务作品具有如下特征：

（1）创作作品的自然人与所在法人或非法人组织之间**存在劳动或聘用**关系，正式员工、实习生、临时工均符合这一条件。

（2）创作完成作品是**自然人的工作任务**，即属于自然人在该单位中应当履行的职责。工作任务有时是具体的，明确指示自然人创作一部作品；有时是笼统的，由劳动合同、岗位责任制、聘用手续等作概况性规定。职务作品的认定与自然人创作作品是否利用上班时间没有必然联系。

2. 职务作品著作权归属

（1）单位作品。根据《著作权法》第 11 条第 3 款的规定，由单位主持，代表单位意志创作，并由单位承担责任的作品，单位视为作者，行使完整的著作权。

（2）一般职务作品。除单位作品外，自然人为完成单位工作任务而未主要利用单位物质技术条件创作的作品，称为一般职务作品。其著作权由作者享有，但法人或非法人组织在业务范围内有优先使用权；作品完成**两年**内，未经单位同意，作者不得许可**第三人以与单位使用相同的方式**使用该作品；作品完成两年内，经过单位同意而许可第三人使用该作品所得收益在单位和作者之间分配。作品完成两年的期限，自作者向单位交付作品之日起计算。

（3）特殊职务作品。这是指根据《著作权法》第 18 条的规定，主要是利用法人或非法人组织的物质技术条件创作，并由法人或非法人组织承担责任的**工程设计图、产品设计图、地图、示意图、计算机软件**等职务作品，作者享有署名权，著作权的其他权利由法人或非法人组织享有。这里的物质技术条件是指该法人或者非法人组织为自然人完成创作专门提供的资金、设备或者资料。

（七）委托作品

委托作品是指接受他人委托而创作的作品。值得注意的是，虽然《著作权法》第 19 条中使用了“受委托创作”的表述，但是一方按照另一方要求创作作品，向另一方交付的是完成的工作成果，双方之间产生的并不是合同关系中的委托合同，其创作基础是承揽合同。双方的合意既可以是口头的，也可以是书面的；既可以是有偿的，也可以是无偿的。

委托作品的著作权归属由委托人和受托人通过合同约定。合同未作明确约定或者没有订立合同的，著作权属于**受托人**。委托作品著作权属于受托人的情形，委托人在约定的使用范围内享有**使用**作品的权利；双方没有约定使用作品范围的，委托人可以在委托创作的特定目的范围内免费使用该作品。

（八）原件所有权转移的作品

绘画、书法、雕塑等美术作品的原件所有权转移，不视为作品著作权的移转，但美术作品原件的展览权由原件所有人享有。作品原件购买人可以对美术作品欣赏、展览或再出售，但不得从事修改、复制等侵犯作品版权的行为。

除美术作品外，对载体所有权可能转移的其他作品，都要注意载体所有权变动并不引起著作权的变动。《民法典》第 600 条规定：“出卖具有知识产权的标的物的，除法律另有规定或者当事人另有约定外，该标的物的知识产权不属于买受人。”

提醒注意：

请自行阅读《著作权法》关于著作权归属问题的规定，尤其注意第 11 条至第 20 条的规定。

延伸阅读　两类特殊作品的著作权归属

自传体作品

当事人合意以特定人物经历为题材完成的自传体作品，当事人对著作权归属有约定的，依其约定；没有约定的，著作权归该特定人物享有，执笔人或整理人对作品完成付出劳动的，著作权人可以向其支付适当的报酬。需要注意的是，传记作品并非委托作品，因为其著作权归属有自己特定的规则，该作品一般都属于被传者即名人所有，执笔者只是获得代笔费而已。

报告、讲话

由他人执笔，本人审阅定稿并以本人名义发表的报告、讲话等作品，也不属于委托作品。其著作权归报告人或者讲话人享有。著作权人可以支付执笔人适当的报酬。

第四节 著作权的取得与保护期

学材导语

本节我们来学习著作权的取得与保护期，主要讲述著作权取得的方式，以及不同作品著作权的保护期限。这一部分的内容相对而言比较简单。

一、著作权的取得

著作权的取得指著作权作为一项私权，获得法律的确认和保护，成为权利人依法可以行使和处分的权利。从整个著作权的发展来看，著作权的取得经历了从登记取得到自动取得的转变过程。作为第一部现代著作权法《安娜女王法令》曾经明文规定了“登记”作为取得权利的要件。作品取得的要件是在书籍行会的登记簿上进行登记。随后英美法系国家和少数大陆法系国家纷纷效仿。虽然著作权登记制度被大多数国家采用，但是其仍然存在一些缺陷，如著作权登记取得制度可能会导致那些未及时登记的作品受到侵害，也不能保护那些采用著作权取得原则的国家的著作权人的合法权益。

《伯尔尼公约》第 5 条规定：“享有和行使这些权利不需要履行任何手续，也不论作品起源国是否存在保护。因此，除本公约条款外，保护的程度以及为保护作者权利而向其提供的补救方法完全由被要求给予保护的国家的法律规定。”可见《伯尔尼公约》规定的是自动取得原则。法国 1791 年颁布的《表演权法》及 1793 年颁布的《作者权法》都明确宣布，作品自创作完成后就受到保护，作者不需要履行其他登记手续。

随着国际交流的广泛展开，越来越多的国家参与到国际性的组织或加入国际性的条约，这样登记取得制度就与国际条约的精神产生了冲突，多数西方国家纷纷开始修改本国的著作权法，以适应国际规则的需要。例如，美国 1989 年加入《伯尔尼公约》，同时根据《伯尔尼公约》的要求对美国著作权法作了有效的修改，以消除明显的冲突。

在我国，通常只要基于作者的智力创作作品就可以取得著作权，权利的取得不受行为能力和年龄的限制。我国《著作权法实施条例》第 6 条规定："著作权自作品创作完成之日起产生。"可见，我国在著作权的取得上遵循的是**著作权自动取得原则**，作品登记只是用作发生争议时的证据，因此**登记是自愿的**。

（一）自动保护原则

所谓自动保护原则指著作权的产生和取得不依赖于有关的行政审查和授权手续，而是自动产生。我国著作权法即采取了自动保护原则。《著作权法》第 2 条第 1 项的规定："中国公民、法人或者非法人组织的作品，不论是否发表，依照本法享有著作权。"此乃我国著作权的自动产生制度。

实际上，"作品完成"是一个法律概念。此处的"完成"指依据著作权法的规定，某种思想已纳入著作权法的保护范围，成为权利人著作权指向的对象。至于作品本身处在创作的哪个阶段、作品是否发表，在所不问。如有些长篇作品并非要等到整部作品都写作完毕才能出版，写完一部分发表一部分也是可行的。特别是一些连载作品就是如此，只要创作完成均可以受到著作权法的保护。此处，发表本身不是必需的。

提醒注意：

在知识产权法律制度中，自动保护原则使著作权区别于商标权和专利权等专有权利，这是著作权法的一个重要特征。

（二）自愿登记制度

在我国，作品登记采取的是自愿登记制度。国家版权局颁布的《作品自愿登记试行办法》第 2 条明确规定："作品实行自愿登记。作品不论是否登记，作者或其他著作权人依法取得的著作权不受影响。"我国《计算机软件保护条例》第 7 条第 1 款也规定："软件著作权人可以向国务院著作权行政管理部门认定的软件登记机构办理登记。软件登记机构发放的登记证明文件是登记事项的初步证明。"

（三）著作权的取得方式

1. 原始取得

原始取得，是指不以他人的著作权和著作权人的意志为依据，而**直接根据法律规定**或**自己的创作行为**取得作品著作权的一种方式，也称为著作权的绝对发生。作者以外的其他人根据法律的特别规定或者合同约定也可以原始取得著作权。例如对于上一节我们所学习的"特殊职务作品"，我国《著作权法》中规定由单位享有除署名权以外的著作权，那么单位就是根据法律的特别规定原始取得了除署名权之外的著作权。

2. 继受取得

继受取得是指通过**合同或者继承**等方式从原始著作权所有者即作者本人那里获

得著作权的一种方式，也称为著作权的相对发生。著作权中的财产权利可以像普通财产权利那样，通过转让、继承、遗赠而被他人取得。例如，词曲作者将某音乐作品的著作财产权转让给某唱片公司后，该唱片公司就成为该音乐作品著作财产权的继受者。

学习完本部分内容后，你是否能够准确理解何为原始取得、何为继受取得呢？请通过下面的【练一练】来检测一下吧！

练一练

（单项选择题）下列属于著作权原始取得方式的是（　　）。

A. 甲与乙签订合同，乙将自己对其作品的著作权转让给甲

B. 甲自行创作完成了小说《一个人》

C. 甲继承了其父创作的油画《大好河山》

D. 甲将自己创作的素描画作送给了好友乙

解析：原始取得，是指不以他人的著作权和著作权人的意志为依据，而直接根据法律规定或自己的创作行为取得作品著作权的一种方式，故 B 项为原始取得。继受取得是指通过合同或者继承等方式从原始著作权所有者即作者本人那里获得著作权的一种方式，ACD 三项都是继受取得。因此，本题正确答案为 B。

二、著作权的保护期

（一）从权利的内容看

不同作品的著作权保护期限不同，著作权中的人身权利和财产权利的保护期限也不同。

1. 人身权利

根据《著作权法》第 22 条的规定，作者的署名权、修改权、保护作品完整权的保护期**不受限制**。即著作人身权在法律上永远受到保护。

但发表权与其他人身权有所不同，因其与著作财产权的行使有着密不可分的联系，所以发表权有期限的限制。根据《著作权法》第 23 条的规定，自然人的作品，其发表权的保护期为作者终生及其死亡后 50 年，截止于作者死亡后第 50 年的 12 月 31 日；如果是合作作品，截止于最后死亡的作者死亡后第 50 年的 12 月 31 日。

2. 财产权利

财产权利与人身权利不同，是一种**受期限限制**的权利。根据《著作权法》第 23 条的规定，自然人的作品，其使用权和获得报酬权的保护期为作者终生及其死亡后 50 年，截止于作者死亡后第 50 年的 12 月 31 日；如果是合作作品，截止于最后死亡的作者死亡后第 50 年的 12 月 31 日。

（二）从著作权的主体看

1. 法人或者非法人组织的作品

著作权（署名权除外）由法人或者非法人组织享有的职务作品，其发表权的保护期为 50 年，截止于作品创作完成后第 50 年的 12 月 31 日；使用权和获得报酬权的保护期为 50 年，截止于作品首次发表后第 50 年的 12 月 31 日，但作品自创作完成后 50 年内未发表的，法律不再保护。

2. 自然人的作品

根据《著作权法》第 23 条的规定，自然人的作品，其发表权、使用权和获得报酬权的保护期为作者终生及其死亡后 50 年，截止于作者死亡后第 50 年的 12 月 31 日；如果是合作作品，截止于最后死亡的作者死亡后第 50 年的 12 月 31 日。

3. 视听作品

根据《著作权法》第 23 条第 3 款的规定，视听作品的发表权的保护期为 50 年，截止于作品创作完成后第 50 年的 12 月 31 日；使用权和获得报酬权的保护期为 50 年，截止于作品首次发表后第 50 年的 12 月 31 日，但作品自创作完成后 50 年内未发表的，法律不再保护。

4. 作者身份不明作品

作者身份不明的作品，其使用权的保护期截止于作品发表后第 50 年的 12 月 31 日。作者身份确定后，适用《著作权法》第 23 条的规定，按不同作品类型分别确定保护期。

对比学习

著作权、专利权、商标权的保护期

著作权	著作人身权	作者的署名权、修改权、保护作品完整权的保护期不受限制；发表权的保护期为作者终生及其死亡后 50 年。
	著作财产权	作者终生及其死亡后 50 年。
专利权	发明	自申请之日起 20 年。
	实用新型、外观设计	自申请之日起 10 年。
商标权		从核准注册日起，每 10 年需要进行续展；只要持续续展，就可以一直有效，是一种相对永久的知识产权类型。

第三章

邻接权及著作权的行使和保护

第一节　邻接权

学材导语

通过上一章内容的学习，我们掌握了著作权的主体、客体、内容以及著作权的取得方式和保护期。在著作权中还存在一个比较特殊的制度，就是邻接权，它是在著作权的基础上延伸出来的。本节我们来学习邻接权的相关内容。

一、邻接权的概念

所谓邻接权，是指与著作权相邻近的权利，它是指作品传播者在**传播作品过程**中对其创造的成果享有的权利。**狭义的邻接权**仅指《罗马公约》所保护的表演者的权利、唱片制作者的权利和广播组织的权利。作者创作作品的劳动及其成果固然需要保护，因为只有作者通过其创造性的劳动，才可以为人类创造和积累精神财富。但如果没有传播者辛勤地传播作品，社会公众也难以有机会享受到作者创造的精神财富。故而，传播作品的行为理应受到法律的确认和保护。

正是因为如此，法律才设立了以保护作品传播者权益为目的的邻接权保护制度。随着技术的不断进步，作品的各种记录形式越来越丰富多彩，参与作品复制、传播过程中的人也越来越多。可以说，邻接权是著作权制度为适应新技术而形成的一种新的法律制度。由于电影技术，特别是后来的录音技术和广播技术的出现，产生了到底是有关公司还是具体创作的自然人是原始权利人的问题，使得对邻接权的保护迫在眉睫。邻接权和著作权关系十分密切，通过表 3-1 可以准确把握二者的联系与区别。

表 3-1　邻接权与著作权的关系

	（狭义）著作权	邻接权
联系	邻接权的客体与作品存在一定关联，因此邻接权也被称为“相关权”。比如对作品的表演活动、对音乐作品演唱的录制、广播电台电视台播出节目等。	
联系	在性质上都属于专有权利。邻接权人享有的许多专有权利与狭义著作权人享有的专有权利名称相同，针对相同的行为。	
区别	狭义著作权的客体是符合独创性要求的作品。	邻接权的客体独创性不足是不构成作品的其他劳动成果。
区别	法律保护水平相应较高，专有权利数量多，受法律保护的时间长。	法律保护水平相应较低，专有权利数量少于狭义著作权人，受法律保护的时间也短于狭义著作权。

二、邻接权的内容

我国《著作权法》中共有四类邻接权，分别为：表演者对其表演活动享有的权利，录音录像制作者对其制作的录音录像享有的权利，广播组织对其播出的广播信号享有的权利，以及出版者对其版式设计所享有的权利。下面，我们分别对它们进行学习。

（一）表演者权

表演者权是指表演者对其表演活动所享有的专有权利。根据《罗马公约》第3条的规定，表演者特指演员、歌唱家、音乐家、舞蹈家，和以表演、演唱、演说、朗诵、演奏或以别的方式表演文学或艺术作品的其他人员。根据我国《著作权法实施条例》第5条的规定，表演者，是指演员、演出单位或者其他表演文学艺术作品的人。

1. 表演者的权利

表演者对其表演享有的权利如表3-2所示。

表3-2　表演者的权利

权利内容	含义	举例
(1) 表明表演者身份	表演者享有的两项人身权利之一，类似于作者的署名权。	例如，电视剧片尾没有按照影视行业的惯例显示"××× ——××（饰）"，就是侵犯表演者人身权利的表现之一。
(2) 保护表演形象不受歪曲	表演者享有的两项人身权利之一，是指表演者有权禁止他人对自己在表演中的形象加以歪曲和篡改，防止对表演者的声誉和声望的损害。	例如，某人制作短视频对某部公开上映的电影内容进行恶搞，使其丧失了原有的艺术表现风格，而产生了滑稽、可笑的结果，就是侵犯了该电影中相关演员的表演形象。
(3) 许可他人从现场直播和公开传送其现场表演，并获得报酬	从现场直播和公开传送现场表演，是表演者享有的重要财产权利。从权利内容上看，表演者的这项现场直播的权利类似于著作财产权中的广播权，但区别在于本权利仅仅能控制对"现场"的表演进行同步直播的广播行为。	例如，某歌手对其举办的演唱会，可以允许某电视台进行现场直播，该电视台应当为此支付相应的报酬。
(4) 许可他人录音录像，并获得报酬	此项表演者的专有权利在国际上也被称为"首次固定权"，因为在他人录音录像记录作品之前，表演活动还没有被记录在物质载体之上；而对现场活动进行录音录像之后，表演活动就被固定在了物质载体之上，形成了表演活动的复制件。	例如，某歌手在录音棚或演唱会演唱歌曲的过程中，可以允许他人对其演唱过程进行录制。

续表

权利内容	含义	举例
(5) 许可他人复制、发行录有其表演的录音录像制品，并获得报酬	对现场表演加以录音或录像之后，表演活动已经被固定在了物质载体之上，形成了录有表演活动的录音录像制品。对该制品的复制实际上也是对表演活动的复制；面向公众以销售或赠与的方式提供该录制品是对录有表演活动的录制品的发行。这两类行为也会影响表演者的经济利益。	例如，某歌手有允许某销售公司复制、发行其某次演唱会录音、录像制品的权利。
(6) 许可他人通过信息网络向公众传播其表演，并获得报酬	与作品的著作权人一样，表演者对其表演活动也享有信息网络传播权。未经表演者许可，将录有表演活动的录音录像制品上传到网络中，供公众在其个人选定的时间和地点欣赏的行为构成对表演者权的侵犯。表演者与作品著作权人享有的信息网络传播权相同，针对的都是交互式的网络传播行为。	例如，某歌手有权允许他人将其演唱歌曲的现场表演视频传播至互联网平台上。

其中第（1）项和第（2）项是表演者的人身权，第（3）项至第（6）项是表演者的财产权。被许可人以第（3）项至第（6）项规定的方式使用作品，还应当取得作品著作权人的同意，并支付报酬。

2. 表演者的义务

使用他人作品演出，表演者（演员、演出单位）应当取得著作权人许可，并支付报酬。演出组织者组织演出，由该组织者取得著作权人许可，并支付报酬。使用改编、翻译、注释、整理已有作品而产生的作品进行演出，应当取得改编、翻译、注释、整理作品的著作权人和原作品的著作权人的双重许可，并支付报酬。

我们在第二章第二节中学习了作为著作权内容之一的表演权，那么表演权与表演者权有何区别呢？你对此是否理解透彻呢？请通过下面的【练一练】来检验一下吧！

练一练

如何理解表演权与表演者权？

解析：表演权是著作财产权的一项内容，是指著作权人自己或者许可他人公开表演作品，以及用各种手段公开播送作品的表演的权利；表演者权是邻接权的一种，是指表演者对自己的现场表演所享有的权利。两者主体不同，前者的主体是作者，后者的主体是演员、歌手、舞者等表演者。两者的联系在于，表演者表演他人的作品，应征得著作权人的许可。

（二）录音录像制作者权

录音录像制作者权，是指录音、录像制品的制作者对其制作的录音、录像制品享有的专有权利。所谓录音录像制品的制作者，是指首次制作录音、录像制品的人。根据我国《著作权法实施条例》的规定，录音制品，是指任何对表演的声音和其他声音的录制品；录像制品，是指视听作品以外的任何有伴音或者无伴音的连续相关形象、图像的录制品。录音录像制品一般包括两类：第一类是对表演者表演活动的录制结果；第二类是对表演活动以外的其他事物的录制结果。

1. 录音录像制作者的权利

录音录像制作者对其制作的录音录像制品，享有许可他人复制、发行、**出租**、通过信息网络向公众传播并获得报酬的权利。被许可人复制、发行、通过信息网络向公众传播录音录像制品，还应当取得著作权人、表演者许可，并支付报酬。

具体来说，录音录像制作者的权利包括：

（1）复制权，即录音录像原有制品中所包含的声音或画面固定在其他载体之上的行为。这是我们在第二章中提及的非常典型的“从平面到平面”的复制行为。比如，未经许可将包含录音、录像的磁带、光盘等进行翻录和翻刻的行为，就是侵犯录音录像制作者复制权的行为。

（2）发行权，是指以出售或者赠与的方式向公众提供录音、录像制品的原件或复制件的行为。比如，音像店出售包含演唱者录音的 CD 等行为就是发行录音制品的行为，因此如果有人销售盗版唱片，那么显然侵犯了录音制品制作者的发行权。

（3）出租权，是指可以有偿许可他人临时使用录音录像制品的原件或复制件的行为。

（4）信息网络传播权，是指将 CD、DVD 等载体中的录音、录像内容上传到网络中，供公众在其个人选定的时间、地点在线观看、下载的行为。这里所说的信息网络传播行为，与作品著作权人、作品表演者享有的信息网络传播权是一致的，针对的都是“交互式”的信息网络传播行为。

2. 录音录像制作者的义务

录音录像制作者使用他人作品制作录音录像制品，应当**取得著作权人许可，并支付报酬**。录音录像制作者使用改编、翻译、注释、整理已有作品而产生的作品，应当取得改编、翻译、注释、整理作品的著作权人和原作品著作权人的双重许可，并支付报酬。录音录像制作者制作录音录像制品，应当同表演者订立合同，并支付报酬。

（三）广播组织权

1. 广播组织的权利

广播电台、电视台有权禁止未经其许可的下列行为：

（1）将其播放的广播、电视**转播**。所谓“转播”，根据《罗马公约》的规定，是指一个广播组织实时播放另一个广播组织的广播、电视节目。如果将其他广播组织的广播、电视节目录制下来之后再进行播放则并不属于转播，因为这种播放不是实时或同步进行的。如果有其他广播组织未经许可进行转播，可能会严重损害广播电台、电视台的相关权益。

（2）将其播放的广播、电视**录制**在音像载体上以及**复制**音像载体。录制是指将广播电台、电视台播出的节目通过录制手段固定在物质载体之上，形成节目的有形复制件；复制则是指对该复制件进行再一次的复制。比如未经中央电视台许可，将2021年春节联欢晚会的现场直播录制下来，并制作成光盘出售，就属于侵犯其广播组织权的行为。

2. 广播组织的义务

广播电台、电视台播放他人未发表的作品，应当取得著作权人许可，并支付报酬。电视台播放他人的视听作品、录像制品，应当取得制片者或者录像制作者许可，并支付报酬；播放他人的录像制品，还应当取得著作权人许可，并支付报酬。

（四）版式设计权

所谓版式设计，是指对印刷品的版面式样的设计，包括对版心、排式、用字、行距、标点等版面布局因素的安排。出版者对其版式设计享有专有使用权，出版者有权许可或者禁止他人使用其出版的图书、期刊的版式设计，即除了出版者自己可以随意使用其版式设计外，其他人未经许可不得擅自按原样复制。出版者禁止的使用还包括**很简单的、改动很小的复制**以及**变化了比例尺**的复制。由此可见，版式设计权的保护范围是很明确的，一般仅仅表现为专有复制权。另外，通常它不包含人身权利的因素。《著作权法》第37条第2款明确了版式设计权的保护期为10年，截止于使用该版式设计的图书、期刊首次出版后第10年的12月31日。

学习完上述邻接权的相关内容后，请通过下面的【练一练】来综合演练一下吧！

练一练

（单项选择题）甲电视台获得2006年德国世界杯足球赛A队与B队比赛的现场直播权。乙电视台未经许可将甲电视台播放的比赛实况予以转播，丙电视台未经许可将乙电视台转播的实况比赛录制在音像载体上以备将来播放，丁某未经许可将丙电视台录制的该节目复制一份供其儿子观看。下列哪种说法是正确的？（　　）

A. 乙电视台侵犯了A队和B队的表演者权

B. 甲电视台有权禁止乙电视台的转播行为

C. 丙电视台的录制行为没有侵犯甲电视台的权利

D. 丁的行为侵犯了甲电视台的复制权

> 解析：根据《著作权法》第47条的规定，广播电台、电视台有权禁止未经许可的下列行为：(1) 将其播放的广播、电视以有线或者无线方式转播；(2) 将其播放的广播、电视录制以及复制；(3) 将其播放的广播、电视通过信息网络向公众传播。前款规定的权利的保护期为50年，截止于该广播、电视首次播放后第50年的12月31日。A队和B队的比赛并不属于我国著作权法上所说的表演，因而不存在表演者权。故A项错误。而依据《著作权法》第47条的规定，乙、丙电视台的行为都是侵犯了甲电视台的邻接权。故B项正确，C项错误。丁的行为属于合理使用，不构成侵权。故D项错误。因此，本题正确答案为B。

第二节　著作权的利用

学材导语

> 通过前面的学习，我们已然掌握了著作权的基本实体内容，那么具体到实践中，著作权的利用又存在哪些问题呢？该部分是著作权中的另一个重要方面，大家要认真掌握。

一、著作权的许可使用

（一）许可使用的概念

所谓许可使用，是指在著作权主体不发生变更的前提下，允许他人在一定的条件下行使其部分著作权。**例如，小说《红高粱》的作者莫言可以将对该小说享有的改编权转让给赵冬苓，由其改编成电视剧版《红高粱》的剧本。**

作为许可使用的对象一般是财产权利。因为许可使用既能够保持著作权主体不变，又可以借助社会的力量来开发、利用自己的作品，且能够获取丰富的报酬，所以它是非常重要的著作权行使方式之一。

（二）许可使用的一般规定

《著作权法》第26条第1款的规定："使用他人作品应当同著作权人订立许可使用合同，本法规定可以不经许可的除外。"《著作权法实施条例》第23条规定："使用他人作品应当同著作权人订立许可使用合同，许可使用的权利是专有使用权的，应当采取**书面形式**，但是报社、期刊社刊登作品的除外。"

依上述规定，可以得出如下结论：除法律明确规定的对著作权的限制和例外（包括合理使用和法定许可使用的情形）之外，任何其他使用他人作品及其著作权的行为均应和权利人签订许可使用合同，这实质上确定了著作权的许可使用的要式法律行为的属性，即使用他人作品，应当和权利人签订许可使用合同。“应当”在法律上意义是指若违反此类规定，须承担于其不利的法律后果。

提醒注意：

要式法律行为是民事法律行为中的一个基本概念，要式法律行为是指必须履行某种特定的形式才能成立的法律行为，如上述著作权的许可使用必须通过书面的形式来订立合同，方能使合同成立。

著作权许可使用合同指著作权许可人和被许可人之间就确立其关于著作权许可使用的权利义务关系所签订的书面协议。它也是一种民事合同，故同样应符合合同法的原则性规定。另外，《著作权法》还特别针对著作权许可使用作了特别规定。

《著作权法》从更好地维护著作权人利益的角度出发，明确规定被许可人使用他人作品应当同著作权人订立许可使用合同。只有报社、杂志社刊登作品可以除外。这对许可人和被许可人都是一种约束。所以，从 1985 年以来我国出版社已经普遍采用合同的方式取得对著作权人作品的使用权。但是，为了满足公众的文化教育事业和发展科学技术的需要，不可能在任何情况下使用著作权都要取得著作权人的许可。因此，《著作权法》又规定，由该法规定可以不经许可的除外。这种情况主要是指著作权法规定的“合理使用”和“法定许可”制度（详细内容见下一节）。

1. 著作权许可使用合同的种类

根据文学艺术作品的不同表现形式，著作权许可使用合同可分为不同类型，如图 3-1 所示。

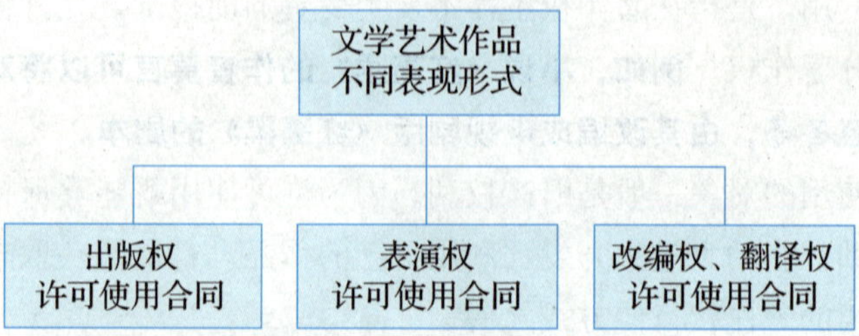

图 3-1　著作权许可使用合同的种类

2. 著作权许可使用合同的主要条款

根据《著作权法》第 26 条的规定，著作权许可使用合同的主要条款应当包括以下几个方面的内容：

（1）许可使用的权利种类，也就是许可使用作品的方式。

（2）许可使用权的性质，即是专有使用权或者非专有使用权（见表 3-3）。

表 3－3 许可使用权的性质

性质	专有使用权	非专有使用权
含义	专有使用权是一种独占的和排他的权利，是指著作权人将许可使用的著作权（比如，出版、翻译某一文字，摄制电影等权利）授权给被许可人之后，在合同的有效期间内，**既不能再将上述权利授权给第三人使用，也不能自己使用。**	非专有使用权是指著作权人将某一项或几项著作权许可他人使用之后，在合同的有效期间内，还可以将同样的权利**再许可第三人使用。**

著作权法要求被许可人在与著作权人签订合同时必须明确约定许可使用的性质，旨在保障被许可人的正当利益。如果在合同中未明确约定许可使用权的性质，倘若发生争议，通常法律只能认为被许可人取得的是**非专有使用权**。

（3）**许可使用的地域范围、期间**。

（4）**付酬标准和办法**。根据《著作权法》第 30 条的规定，使用作品的付酬标准可以由当事人约定，也可以按照国家著作权主管部门会同有关部门制定的付酬标准支付报酬。当事人约定不明确的，按照国家著作权主管部门会同有关部门制定的付酬标准支付报酬。

（5）**违约责任**。著作权许可使用合同是对双方当事人有约束力的法律文件。双方在合同中确立的权利义务关系受法律保护，应当认真履行。双方可在合同中约定，如果发生违约行为，应当按照《民法典》总则与合同编的有关规定承担民事责任。

（6）双方认为需要约定的其他内容。

二、著作权的转让

著作权的转让是一种处分著作权的行为。著作权人可将自己的著作权中的**财产权利**全部或部分地转移。这种转移一般是永久性的，实际上是**著作权主体的变更**。著作权转让之后，受让人成为新的著作权人，有权使用作品，有权再向第三人转让著作权，或者许可第三人在一定的条件下使用作品。对于侵犯著作权的人，受让人有权**以自己的名义**提起诉讼，以获得法律救助。

对比学习

著作权的许可使用与著作权的转让

相同点：两者都是行使著作权的具体方式，是将作者的知识产权转化为物质利益的一种方式。

不同点：首先，著作权的转让引起著作权权利主体的变更，受让人在转让完成之后成为新的著作权人，他对作品享有完整的财产所有权，既可以使用它，也可以处分它，并获得相应的收益；而著作权的许可使用并没有这种效力，被许可人通过许可使用合同获得的仅仅是在特定条件下使用作品的权利。其次，著作权的转让无所谓期限的问题，它是指将著作权或者其部分在整个著作权保护期内让渡给他人。除非有民法上关于民事行为绝对无效或者相对无效的理由，如合同违法、显失公平或重大误解等，否则著作权一旦转让便是不可逆转的。而依《著作权法》第26条的规定，著作权的许可使用合同的当事人可以自行约定许可使用的限期。

三、著作权的继承和移转

著作权的继承，是指作为著作权人的自然人死亡或者法人终止所引起的著作权的转移。

（一）自然人作品著作权的继承

著作权是属于自然人的，自然人死亡后，其作品的使用权和获得报酬权在著作权法规定的保护期内，依照继承法的规定转移。根据《民法典》继承编第1122条的规定，遗产是自然人死亡时遗留的个人合法财产，著作权、专利权**理应包括在内**。这表明著作权在著作权人死亡时被视同一般财产成为被继承或被遗赠的客体。被继承、遗赠的只是著作权中的财产权利，至于著作权中的署名权、修改权和保护作品完整权，由作者的继承人或者受遗赠人保护。这表明，继承人或受遗赠人并没有成为著作权中人身权利的主体，不能积极地行使这些人身权利，如更改署名、修改作品等，但有权对侵犯这些权利的行为提起诉讼。**法律上没有明确的问题是，继承人或者受遗赠人应在多长的期限内负有保护著作权人身权利的义务。**因为人身权利的存续是不受时间限制的，而他们继承或者受遗赠的财产权利通常只能在作者死后维持50年。关于此问题，对于不同的作品的规定也是不同的，具体见表3-4。

表3-4 不同作品著作权的保护

作品类型	具体规定	法条依据
作者生前未发表的作品	如果作者未明确表示不发表，作者死亡后50年内，其发表权可由继承人或者受遗赠人行使；没有继承人又无人受遗赠的，由作品原件的合法所有人行使	《著作权法实施条例》第17条
合作作品	合作作者之一死亡后，其对合作作品享有的使用权和获得报酬权无人继承又无人受遗赠的，由其他合作作者享有	《著作权法实施条例》第14条
著作权无人继承又无人受遗赠的	其署名权、修改权和保护作品完整权由著作权行政管理部门保护	《著作权法实施条例》第15条第2款

（二）法人作品著作权的转移

根据《著作权法》第21条第2款的规定，著作权属于法人或者非法人组织的，法人或非法人组织变更、终止后，其作品的使用权和获得报酬权在《著作权法》规定的保护期内，由承受其权利义务的法人或者非法人组织享有；没有承受其权利义务的法人或者非法人组织的，由国家享有。

该条明确的只是财产权的转移，至于著作权中的人身权利则没有提及；依照《著作权法实施条例》对自然人作品著作权发生继承时人身权利的处理规则，则享有著作权财产权利的法人、其他单位或者国家应负责保护有关的人身权利。依《著作权法实施条例》第 16 条的规定，著作权归国家享有时，由国务院著作权行政管理部门代表国家行使，有关的人身权利也由该机构保护。

通过上述内容的学习，你是否已经掌握了著作权的利用的相关内容呢？请通过下面的【练一练】来检测一下吧！

练一练

（多项选择题）下列表述正确的是（　　）。

A. 一般情况下，著作权人许可他人使用专有权的行为是要式法律行为

B. 在著作权的继承中，可以包括对著作人的人身权的继承

C. 著作权许可使用和著作权转让虽都是对著作权的利用方式之一，但是两者仍存在差别

D. 著作权的转让是著作权主体的变化，著作权的许可使用时著作权的主体并没有发生变化

解析：根据《著作权法实施条例》第 23 条的规定，使用他人作品应当同著作权人订立许可使用合同，许可使用的权利是专有权的，应当采取书面形式，但是报社、期刊社刊登作品的除外，故 A 项正确。著作权的人身权具有专属性，其不能作为著作权继承的对象，故 B 项错误。著作权许可使用和著作权转让都是著作权的利用方式之一，却不是相同的方式，其区别表现在两个方面：一个是主体方面；另一个是期限方面。著作权转让是著作权主体发生变化，而著作权许可使用并没有发生著作权主体的变更，故 CD 项正确。因此，本题正确答案为 ACD。

第三节　著作权的限制

学材导语

著作权作为一种权利，并不是没有界限的，那么它的界限在哪里呢？本节我们就来探讨著作权的限制。

在学习本部分内容之前，我们要先了解：为什么要对著作权进行限制？

著作权法律制度，和其他知识产权法律制度一样，其最高目标在于：首先，鼓励越来越多的人从事创造性劳动，保护和确认作者的创造性劳动性成果，以促进人类文明的进步；其次，促进科学、文学和艺术作品的传播，确保社会公众能享受人类文明的进步和科学技术水平的提高带来的成果。但是，实际上这是两个相互冲突的目标。要实现前者，必须对知识产权人的权利进行充分的保护，确保他们享有足以能刺激他们的积极性的利益；否则，人们创造性劳动的积极性会受到极大的挫伤。但如果对其过于偏袒，社会生活水平的提高和技术进步的成本会大幅增加，导致大多数的社会成员无缘享受文明的进步和技术发展带来的好处。如过于强调社会公共利益，缺乏对创造性劳动者权益的保护，使人们怠于进行创新，则任何进步与发展都成了无源之水，反而更难提高社会文明的水平。**如何能够找到一个平衡点**，使同时实现上述两个目标成为可能，这是一个值得思考的问题。现在所使用的办法是对知识产权实行**保护与限制相结合**。

在保护知识产权的前提下为了平衡著作权人、作品传播者以及公众的利益关系，著作权法对著作权作了必要的限制。目前，这种限制主要有合理使用和法定许可这两项制度。

一、合理使用

（一）合理使用的概念

合理使用，是指根据法律的明文规定，**不必征得著作权人同意**而**无偿**使用他人**已经发表**的作品的行为。简单来说，合理使用就是把别人的作品拿来就用，不用经过许可，也不用付费。合理使用不但适用于狭义著作权，也适用于邻接权。

> **提醒注意：**
>
> 合理使用可以概括为：想用就用，用了白用，不能滥用。

（二）合理使用的构成要件

（1）一般只针对**已经发表**的作品，使用他人未发表的作品必须征得著作权人的同意。已经发表的作品，是指著作权人自行或许可他人公之于众的作品。

（2）必须基于**法律的明文规定**。除我国《著作权法》第 24 条明确规定的情形外，其他使用行为均不构成合理使用。

（3）不必征得著作权人许可而**无偿**使用他人作品。是否支付报酬是合理使用与法定许可的重要区别。

（4）**不得影响作品的正常使用，也不得不合理地损害著作权人的合法利益**。合理使用一般只限于为个人消费或公益性使用等目的少量使用他人作品的行为，应当指明作者姓名、作品名称，并不得侵犯著作权人依法享有的其他权利，如不得歪曲、篡改作品等。

（三）合理使用的情形

（1）为个人学习、研究或者欣赏，使用他人已经发表的作品。这一类合理使用的情形仅限于单纯为个人目的而进行使用。例如某位同学出于学习的目的，在图书馆复印一部专著的部分章节或者某期刊的某篇文章，就属于合理使用。但如果这种使用具有直接的商业目的，或者在作者个人范围外对作品进行传播，则显然不能构成合理使用。

提醒注意：

同学们要清楚，不能说只要是“为个人学习研究或者欣赏”而进行的使用作品的行为，而不考虑具体的行为细节（比如被使用作品的来源、使用作品的方式等）就认为其构成合理使用。为了个人欣赏而直接复印整本书，大量从网上下载盗版电影等行为，显然会对著作权人的经济利益造成极不合理的损害，明显属于侵犯著作权的行为。

案例索引

美国第七巡回法院在2005年审理了著名案件“P2P个人用户下载案”。该案的被告是一名个人用户，她使用P2P软件在几周的时间内下载并保存了1 300多首歌曲，这些歌曲的版权（著作权）是由原告BMG等数家唱片公司所享有的。被告所下载的这些歌曲，均是通过他人存储于硬盘的共享区之中并借助P2P软件下载、传播的。被告认为她下载音乐的目的在于个人收听，这样的行为属于合理使用；而且下载“试听”对于歌曲版权人能够起到很好的广告宣传效果。

法院在判决中指出：免费从网上下载歌曲，会对正版歌曲产生非常强的替代效果，很容易导致正版唱片销量下降。即便在某种程度上能够促进作品的销售，也必须经过版权人的许可。被告本来可以通过合法途径进行试听，进而购买正版歌曲，但是她直接下载了相应的歌曲，显然是不合理的。因此最终法院认定被告“为个人欣赏而进行下载”的行为不属于合理使用，属于侵犯版权（著作权）的行为。

（2）介绍、评论某一作品或者说明某一问题，在作品中适当引用他人已经发表的作品行为。这种“合理使用”实际上是创作评论性文章或者完成学术研究著作所必需的，在说明某一问题时常常都涉及对他人的创作内容进行引用。

提醒注意：

该合理使用必须满足以下几个条件：第一，引用作品的目的是介绍、评论某一作品或者说明某一问题。第二，引用的比例必须适当。一般来说，引用不应当比评论、介绍或者说明还长。第三，引用的作品必须是已经发表的作品。第四，引用他人的作品，应当指明作者的姓名、作品的名称，并且不得侵犯著作权人的其他权利。

案例索引

王苹系《盐酸情人》一书的作者，该书被翻译成13种语言在全世界范围内出版。王苹发现北京谷翔公司经营的谷歌中国网站的“图书搜索”栏目中收录了该书，并且没有经过王苹许可，向不特定公众提供。王苹认为上述行为构成侵犯著作权的信息网络传播行为，遂向法院提起诉讼，请求判令被告谷歌停止侵权并赔偿损失。

无独有偶，在美国也有相关作品的作者起诉谷歌，认为其未经许可提供作品片段的行为构成侵犯著作权的行为。事情的起因在于：谷歌公司扫描了大量书籍，将数字文本储存在服务器中，并提供全文检索服务。用户输入关键词后，谷歌会显示含有该关键词的作品片段，但通常长度不会超过以该关键词为中心的4～5行文字（如右图所示）。

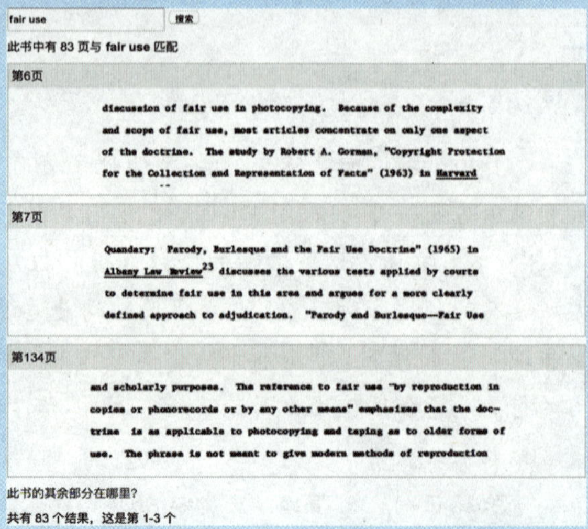

我国法院认为：谷歌提供以关键词为中心的作品片段，并非单纯为了再现原作文本的文学、艺术价值，而是为了帮助读者、图书馆管理员找到合适的图书，该行为属于对作品的适当使用，具有合理性。美国法院的观点与我国法院基本一致。

（3）为报道时事新闻，在报纸、期刊、广播电台、电视台等媒体中**不可避免**地再现或者引用已经发表的作品。例如，电视台报道在美术馆进行的画展而在电视上再现某几幅画作，这样的行为不属于侵权。这一合理使用条款主要是为了保障社会公众对于时事新闻的知情权。

（4）报纸、期刊、广播电台、电视台等媒体刊登或者播放其他报纸、期刊、广播电台、电视台等媒体已经发表的关于政治、经济、宗教问题的时事性文章，但作者声明不许刊登、播放的除外。了解自己国家当前的政治、经济状况，不仅是每个公民的基本权利，也是公民参与国家政治生活、参与国家民主决策的基本方式，其权利理应得到保障。这里一定要注意是政治、经济、宗教三类时事性文章，其他种类文章不能被如此合理使用。

（5）报纸、期刊、广播电台、电视台等媒体刊登或者播放在公众集会上发表的讲话，但作者声明不许刊登、播放的除外。在公众集会上发表的讲话本身具有公开宣传的性质，刊登或播放这些讲话，是扩大它的影响和宣传范围。因此，为了进行宣传，报纸、期刊、广播电台、电视台可以合理使用。

（6）为学校课堂教学或者科学研究，翻译或者少量复制已经发表的作品，供教学或者科研人员使用，但不得出版发行。例如，某大学把外校一位教授的讲义复印了几千份给自己学校的学生进行使用，这显然不属于本条款所述的合理使用。

提醒注意：

如何理解课堂教学中的合理使用？

第一，课堂教学有严格的限制，专指面授教学，包括全日制普通学校，也包括业余学校、专门学校，包括小学、中学、大学等。但考研辅导班、托福、GRE 培训班等以赢利为目的的教学不属于“课堂教学”。函授大学、广播大学、电视大学等以函授、广播、电视等方式教学的亦不在此列。

第二，“少量复制”一般来说，不应超出课堂教学的需要，不能对作者因作品的传播和利用所获得的经济利益造成损害。

第三，翻译可以是已有作品的一部分，也可以是全部。译多译少，根据课堂教学的需要而定。

第四，翻译或少量复制的目的是供教学人员为课堂教学使用，不能用于出版发行。

案例索引

路易·亚历山大是著名英语教材《新概念英语》的作者之一，该教材的第一册至第三册中的课文均由其创作。某学校 A 提供《新概念英语》的网络教学课程。从该课程的课件中可以看出，学校 A 的教师讲解课程的方式主要有三种：第一种是对每篇课文进行朗读，页面上显示全部或部分课文中的句子；第二种是对课文中的单词和短语进行讲解，页面上显示全部或部分单词和短语；第三种是进行扩充讲解，页面上显示扩充讲解的部分内容。路易·亚历山大的继承人朱莉娅·亚历山大起诉学校A未经许可使用《新概念英语》教材的行为构成侵犯版权（著作权）。

法院经审理认为：对于第一种情况，老师对课文进行朗读以及对作品内容的显示，是对相关作品在网络上进行公开传播，该传播行为没有得到著作权人或者其继承人的许可，公众可以通过互联网在个人选定的时间和地点获得相关作品，已经构成对朱莉娅·亚历山大享有的信息网络传播权的侵犯；第二种情况是对单词和短语的显示和讲解，因这些单词和短语并非作品，且其选择排序也不具有相当的独创性，故对朱莉娅·亚历山大的相关主张不予认可；第三种情况是对作品的扩充讲解，并非对相关作品的直接使用，显然不构成对朱莉娅·亚历山大大著作权的侵犯。

（7）国家机关为执行公务在合理范围内使用已经发表的作品。国家机关出于执行公务的目的经常需要以合理的方式对作品进行使用。例如，法院为了获取证据而复印某件作品、公安机关在网络中分发的通缉令中使用犯罪嫌疑人的画像或照片等。

案例索引

2007年在全国高考语文试卷中，由教育部考试中心组织出题的命题作文《摔了一跤》（左图）所使用的漫画，与画家何平创作的漫画《摔了一跤》（右图）十分近似。何平认为教育部考试中心侵犯了其著作权，遂向法院提起诉讼。通过对两幅漫画在构图、情节设计、人物形态等方面的比较，不难看出两幅画作存在着很强的相似性，有非常明显的紧密联系和发展演变关系。教育部考试中心的人员亦认可事先接触过原告的漫画。但与此同时，两幅漫画所表示的中心主旨是有所不同的，可以说教育部考试中心在使用该漫画时，是以何平的漫画为基础，增加新的创作思想而完成的“演绎作品”。

高考作文《摔了一跤》漫画

《摔了一跤》（何平　作）

因此本案的争议焦点有两个：第一，教育部考试中心在全国高考试卷中将他人作品用作试题，是否属于《著作权法》第22条第7项规定的“国家机关为执行公务在合理范围内使用已发表的作品”的情形？第二，如果教育部考试中心的行为构成合理使用，那么在高考试卷中使用他人作品时没有指明原作者的姓名或名称，是否还能构成合理使用？

北京市海淀区人民法院经过审理认为：对于第一个问题，教育部考试中心是教育部指定的负责全国高考命题、高考试卷成绩统计分析与评价工作的直属事业单位。教育部考试中心虽然不属于国家机关，但是它是教育部根据《中华人民共和国教育法》指定的执行高考试卷命题等公务的机关，其组织高考出题的行为属于执行公务的情形，因此教育部考试中心在组织高考试卷出题过程中使用原告作品的行为，应当属于“国家机关为执行公务在合理范围内使用已经发表的作品”。对于第二个问题，由于高考保密的严格要求，因此先获得相关作者的改编许可不太具有可行性。为了保证选拔高素质的人才，保障真正的公共利益，高考出题者考虑到高考试题的难度要求、篇幅要求等特点可以对作品进行一定的改编，同时隐去作者的名字。这样的做法可以在考试中节省考生的时间，避免考生在无用信息上浪费过多的时间。因此法院认为教育部考试中心没有为何平在高考试题中署名，不构成侵犯其著作人身权中的署名权。

(8) 图书馆、档案馆、纪念馆、博物馆、美术馆等为陈列或者保存版本的需要，复制本馆收藏的作品。这种复制行为也包括以数字化形式复制本馆收藏的作品。

图书馆等收藏的作品的物质载体在长期使用之后会逐渐磨损，出于继续向公众提供借阅服务或展览服务的需求，需要以复制方式保存版本，特别是在作品已经绝版不再印制、生产时显得尤为重要。这种复制行为并不会严重损害著作权人的经济利益，可以构成合理使用。但是，如果图书馆等不是出于保存本馆藏品的需要，而是出于节省开支或其他目的，试图通过购买或自行印刷廉价复制品的方式代替市场上出版的原版图书或其他作品，显然不能构成合理使用。

(9) 免费表演已经发表的作品，该表演未向公众收取费用，也未向表演者支付报酬。根据《著作权法》第10条第1款第9项的规定，表演权是指“公开表演作品，以及用各种手段公开播送作品的表演的权利”。也就是说，著作权法意义上的“表演”不仅是指由表演者在现场进行的演唱、朗诵等表演活动，也包括播放载有上述表演活动的录音、录像等“机械表演”的形式。本条款并没有限定“免费表演”针对的仅仅是“现场表演”，还是也包括“机械表演”。但根据“未向表演者支付报酬”这一表述，我们在这里作限定解释，本条款所述的内容应当仅指“现场表演”，而不包括“机械表演”在内。

提醒注意：

这种情形下的合理使用，需要强调的是表演本身是免费的，且没有向观众收费，也没有向表演者支付费用。所以，一些赈灾义演不能视为合理使用，因为赈灾义演虽没有向表演者支付报酬，却向观众收费了。

（10）对设置或者陈列**在室外**社会公众活动处所的雕塑、绘画、书法等艺术作品进行**临摹、绘画、摄影、录像**，临摹、绘画、摄影、录像人，可以对其成果以合理的方式和范围再行使用，不构成侵权。**形象地表述就是“只能看不能摸”，所以拓印就不属于合理使用。**

案例索引

通过2008年北京奥运会的成功举办，“鸟巢”体育场已成为知名度极高的场所和称谓。2008年12月以来，国内市场上出现了由熊猫烟花公司监制、浏阳市熊猫烟花公司生产、北京市熊猫烟花公司销售的“盛放鸟巢”烟花。这种“盛放鸟巢”烟花的形状与“鸟巢”体育场的建筑外形十分相似，包装纸上亦印有“鸟巢”的钢结构图案。为此，国家体育场将上诉三公司起诉至法院，索赔400万元。

北京市第一中级人民法院经审理认为，在判断是否构成合理使用时，需要考虑某种作品使用方式是否会影响作品的价值或者潜在市场、是否会影响权利人对该作品的正常使用。所谓作品的正常使用，就是说在一般情况下公众能够合理预期到的使用作品的方式，包括现实存在的作品使用方式和未来可能出现的作品使用方式。本案中烟花公司的行为将直接影响到原告对其建筑作品的后续商业化利用，显然会不合理地侵害原告作为著作权人的利益，因此法院最终判决被告败诉。

（11）中国公民、法人或者非法人组织已经发表的以汉语言文字创作的作品翻译成少数民族语言文字作品在国内出版发行。这种合理使用是为了增加少数民族获得知识信息和接受更好教育的机会，以期促进少数民族社会和经济的发展，显然这一条款更多的是从公共政策的角度进行考量的，社会公众的重要权益显然比著作权人的私益更为重要。但是各国的民族政策互有不同，要求其他国家的作者为我们放弃自身权益并不现实，要求中国作者为其他国家或地区的少数民族放弃自身权益也无必要，因此，本条合理使用将适用范围限定在将**中国**公民、法人或者非法人组织的**已发表**的汉语作品翻译成少数民族语言在**国内**出版。条件限定得比较严格，一个要素都不可以少。

(12) 将已经发表的作品改成盲文出版。经发表的作品改成盲文出版，这是出于人道主义考虑，所以就没有上一项那么多严格的要件，不论是谁的作品，也不管是在国内还是在国外出版，都可以享受这一条合理使用。这一条合理使用主要是为了增进盲人的福利，希望盲人能像视力正常者一样获取信息、阅读作品。

保障盲人与视力正常者平等利用作品的权利，是国际社会的共识。2013 年 6 月，世界知识产权组织在摩洛哥的马拉喀什召开会议，成功缔结了世界上第一部以对著作权的限制为主要内容的国际条约——《关于为盲人、视力障碍者或其他印刷品阅读障碍者获得已出版作品提供便利的马拉喀什条约》（简称《马拉喀什条约》），为盲人获取信息、接触作品规定了许多原则与例外。我国在批准加入该条约之后，势必也将对《著作权法》的相关内容进行进一步的修改。

合理使用是著作权限制中非常重要的内容，一定要好好掌握，并理解每一种情形的准确含义。请通过下面的【练一练】检测一下自己的学习效果吧！

练一练

（单项选择题）甲设计并雕刻了一尊造型别致的雄狮，置于当街店门口招揽顾客。对此下列哪一种说法是正确的？（　　）

A. 甲将雄狮置于公共场所，视为放弃著作权

B. 乙以该雄狮为背景拍照纪念不构成侵权

C. 丙可以该雄狮为范本制作和销售纪念品

D. 丁可以该雄狮为立体造型申请商标权

解析：将美术作品置于室外公共场合是著作权人行使著作权和财产权的一种正常的体现，不意味着放弃著作权。因此，A 项错误。作品供人临摹、绘画、摄影、录像等，属于他人合理使用著作权的体现，不构成侵权，故 B 项正确。C 项中丙的行为属于复制销售行为，不符合合理使用的临摹等四种情形，构成侵权。虽然我国允许立体商标注册，如可口可乐的玻璃瓶商标，但是丁以他人享有著作权的雄狮作品为立体造型申请商标权，显然侵害了甲的著作权，故 D 项错误。因此本题正确答案为 B。

二、法定许可

（一）法定许可的概念

法定许可，是指依照法律的明文规定，不经著作权人同意有偿使用他人已经发表的作品的行为。简单来说，法定许可就是把别人的作品拿来就用，不用经过许可，但是还是要付费。法定许可可以总结为：**想用就用，不能白用，不能滥用**。

对比学习

著作权的合理使用与法定许可

相同点：都是基于法律的明文规定；都是只能针对已经发表的作品；都不必征得著作权人的同意；都应当指明作者姓名、作品名称，并不得侵犯著作权人依法享有的其他权利。

不同点：第一，法定许可主要是作品传播者的使用行为，而合理使用一般不受此限制；第二，著作权人事先声明不许使用的，一般不适用法定许可制度，但合理使用一般不受此限制；第三，法定许可是有偿使用，使用人必须按规定支付报酬，而合理使用是无偿使用。

（二）法定许可的情形

根据有关规定，法定许可的情形主要包括以下几种：

1. 报刊转载摘编

我国《著作权法》第 35 条第 2 款规定了有关“报刊转载摘编”的法定许可。作品刊登后，除著作权人声明不得转载、摘编的外，其他报刊可以转载或者作为文摘、资料刊登，但应当按照规定向著作权人支付报酬。其中，“转载”是指完全不改变原作品内容或对原作品稍加变动之后刊登已经在其他报刊发表的作品；“摘编”是指对原作品的主要内容进行摘录、缩写。本条法定许可条款是对著作权人复制权的限制，但并不限制其获得报酬的权利，目的就在于使作者获得合理报酬的前提下，方便报刊间的相互转载，促进优秀作品的传播。比如《中国人民大学复印报刊资料》《中国社会科学文摘》等学术期刊正是依赖于本条款而合法、合理地存在的。

2. 制作录音制品

我国《著作权法》第 42 条第 2 款规定了“制作录音制品”的法定许可。录音制作者使用他人已经合法录制为录音制品的音乐作品制作录音制品，可以不经著作权人许可，但应当按照规定支付报酬；著作权人声明不许使用的不得使用。

“制作录音制品”的法定许可，作为一项对著作权人财产权的限制，其立法目的在于防止对音乐的垄断。在 20 世纪初，购买唱片是普通公众欣赏音乐作品的主要途径，因此如果有大的唱片公司借助自身的垄断地位提高唱片价格、攫取不合理利益，将不利用社会公众的利益。对“制作录音制品”进行法定许可后，只要音乐作品已经被合法制作为录音制品，其他唱片公司就可以不经音乐著作权人许可，而直接将音乐作品录制在唱片上进行销售，但需要支付法定报酬，这样也有益于不同的唱片公司之间形成良性竞争。

提醒注意：

“制作录音制品”的法定许可只是针对制作录音制品涉及的音乐作品著作权人的复制权和发行权，并不包括对表演者和录音制品制作者享有的复制权、发行权的许可。因此，如果是对他人的录音制品进行直接的翻录，或者在翻录的基础上进行加工，显然会直接侵犯表演者和前一录音制品制作者的复制权与发行权（邻接权）。

3. 有关广播组织的法定许可

有关广播组织的法定许可主要涉及两个条款：我国《著作权法》第46条第2款规定了“广播组织播放作品的法定许可”，广播电台、电视台播放他人**已发表**的作品，可以不经著作权人许可，但应当按照规定支付报酬。从立法目的上，有关广播组织的法定许可可以同时实现多重目标：一方面作者的发表权和著作财产权益并未受到影响；另一方面通过广播的手段在更大范围内传播作品，可以促进公共文化的发展与进步。

提醒注意：

“有关广播组织的法定许可”不适用于广播组织播放视听作品，也不适用于播放录像制品。因为我国《著作权法》第48条明确规定：“电视台播放他人的视听作品、录像制品，应当取得视听作品著作权人或者录像制作者许可，并支付报酬；播放他人的录像制品，还应当取得著作权人许可，并支付报酬。”

4. 编写出版教科书的法定许可

我国《著作权法》第25条规定了“编写出版教科书的法定许可”：“为**实施九年制义务教育**和国家教育规划而编写出版教科书，可以不经著作权人许可，在教科书中汇编已经发表的作品片段或者短小的文字作品、音乐作品或者单幅的美术作品、摄影作品，但应当按照规定支付报酬，指明作者姓名、作品名称，并且不得侵犯著作权人依照本法享有的其他权利。”这种规定也适用于对出版者、表演者、录音录像制作者、广播电台、电视台的权利的限制。

“编写出版教科书的法定许可”是2001年修改《著作权法》时新加入的条款，主要目的是在不损害作者发表权和著作财产权益的前提下，促进九年制义务教育和国家教育规划的实施，促进社会文化生活的发展。

第四节　著作权侵权行为与责任

学材导语

在学习了著作权的利用和限制后，你可能会有疑问：平常生活中的哪些行为会侵犯别人的著作权呢？我们转发别人的文章是侵犯著作权的行为吗？有人侵害了我的著作权，我该怎么办呢？这些问题就涉及著作权侵权行为与责任承担。学完本节内容之后，你就会对上面的问题有了答案。

著作权是受法律严格保护的权利，任何侵犯这种权利的行为都应承担相应的法律责任。为了有效地保护著作权人的利益，我国法律建立起完整的著作权侵权责任体系。该体系由民事责任、行政责任和刑事责任构成。这三种责任形式各有侧重，各司其职，并且相辅相成。其中，民事责任重在补偿著作权人因侵权而受到的损失；行政责任则反映了国家对文化、经济市场的主动管理；而刑事责任的目的主要在于惩戒严重的侵权者，并对潜在的侵权人形成威慑作用。

一、著作权侵权行为的构成要件和表现形式

著作权侵权行为，是指未经著作权人同意，又无法律上的依据，使用他人作品或行使著作权人专有权的行为。

（一）著作权侵权行为的构成要件

作为民事侵权行为，著作权侵权行为必须具备下列几方面构成要件：

1. 行为人主观上有过错

即行为人对其行为造成的损失在主观上有过错，包括故意和过失。依侵权行为法的一般原则，故意指行为人明知自己的行为会给他人造成危害结果，仍然追求或放任危害结果的发生的心理状态。过错责任原则是民事责任的基本原则，在追究著作权侵害者的民事责任时也应当遵循。

2. 行为违法

行为违法即指行为人实施了侵权行为且该行为被法律所明文禁止。就《著作权法》而言，它所禁止的行为主要集中在第 52 条和第 53 条之中。然而这两个条款并未穷尽所有的侵权行为。《著作权法》颁行以后的一系列相关附属法规从不同的角度充实了著作权和邻接权的内容。侵权行为本身是多种多样的，实践中不断会有新的侵权行为出现。

3. 权利人受到损害

损害不仅指给权利人造成的**具体的损失**，也包括对其合法权益的**潜在的威胁**。具体的损失包括现实的或预期的财产利益的损失和人身利益的损失。从侵权人一方看，侵权行为并不以侵权人达到其主观预期的目的为构成条件，如成功地扩散了作品或盈利。

4. 违法行为和损害结果之间有因果关系

这是指权利人的损害事实是由侵权行为人的违法行为引起的。

（二）著作权侵权行为的表现形式

《著作权法》将著作权侵权行为分列两条，即第 52 条和第 53 条。其中第 52 条所规定的主要是与**创作者有关**的侵权行为及行为人应当承担的民事责任。而第 53 条规定的主要是与作品**传播者有关**的侵犯著作权及邻接权的行为，这些行为人共同的动机是**牟取暴利**。他们不仅侵害了著作权人的个人权利，也直接危害了公共利益，扰乱了国家对文化事业的管理，故侵权行为人不仅要承担民事侵权责任，还可能受到行政机关的处罚。

（三）著作权侵权判断

美国在多个司法判例中确认了“三步侵权认定法”，用来判断一个作品是否侵权另一个作品的著作权，从另一个角度判断作品是否具有独创性。当然一个作品中某部分有独创性，仍有可能其他部分构成对别人作品的侵权。此方法也被我国司法实践所学习。“三步侵权认定法”的具体步骤是：第一步，将被控作品与享有著作权的作品进行比对，将其中共同存在的、不受保护的思想及属于公有领域的内容过滤出去；第二步，将被控作品和比对作品各自的剩余部分进行对比，考察两者之间是否存在实质上的相似性；第三步，如果具有实质相似，则通过调查被控作品的作者是否有机会在创作过程中“接触”过享有著作权的作品，以确认是否构成侵权。

二、著作权侵权行为的民事责任

根据《民法典》第 179 条和《著作权法》第 52 条、第 53 条的规定，侵害著作权行为应当承担下列民事责任：

（一）停止侵害

即要求侵权人终止侵害他人著作权行为。例如，停止违法的播放、表演、出版行为，销毁侵权产品和专门用于生产侵权产品的设备等。

（二）消除影响

即由侵权人刊登启事或采取其他措施消除侵权行为给被侵权人带来的名誉损害。公布、分发判决书也是消除影响的一种办法。有关费用应由**败诉一方**承担。

（三）赔礼道歉

即由侵权人在一定范围内在报刊上公开发表向被侵权人赔礼道歉的启事。该责任常常同消除影响结合使用。

（四）赔偿损失

即要求侵权人赔偿被侵权人因为侵权行为而受到的损失。损失应当包括直接损失和间接损失。确定侵权人应赔偿额时首先考虑的是被侵权人的实际利益损失，其次是正常的许可使用费，最后才是侵权人因侵权而获得的利益。

提醒注意：

如何确认被侵权人遭受的实际损失是一个复杂的问题。它涉及直接的损失，如合法作品销售额的减少；也涉及预期利益的损失，如因侵权而失去的市场份额。由于实际损失的计算很困难，故正常的许可使用费提供了一个十分重要的参考标准。

著作权法规定，侵权人应当按照权利人的实际损失给予赔偿；实际损失难以计算的，可以按照侵权人的违法所得给予赔偿。赔偿数额还应当包括权利人为制止侵权行为所支付的合理开支。这里，权利人的实际损失，可以根据权利人因侵权所造成复制品发行减少量或者侵权复制品销售量与权利人发行该复制品单位利润乘积计算。发行减少量难以确定时，即按照侵权复制品市场销售量确定。所谓合理开支，包括权利人或者委托代理人对侵权行为进行调查、取证的合理费用。符合国家有关部门规定的律师费用也可计算在赔偿范围内。权利人的实际损失或者侵权人的违法所得无法确定的，由人民法院根据侵权行为的情节，判决给予50万元以下的赔偿。

被侵权人所受损失除了财产权利外，还包括其人身利益受到的伤害，故权利人也可以要求精神损害赔偿。由于目前法律对精神损害赔偿尚无规定，但是，在少数案件中，当事人关于精神损害的赔偿要求获得了支持。

值得注意的是，尽管《著作权法》中并未规定侵犯著作权的惩罚性赔偿，但根据《民法典》侵权责任编第1185之规定，故意侵害他人知识产权，情节严重的，被侵权人有权请求相应的惩罚性赔偿。

三、著作权侵权之诉

（一）诉讼时效

关于诉讼时效，根据《民法典》的规定，诉讼时效期间为2年，从权利人知道或者应当知道权利被侵害时计算。权利人超过2年起诉的，如果侵权行为在起诉时仍在持续，在该著作权保护期内，人民法院应当判决被告停止侵权行为；侵权损害赔偿数额应当自权利人向人民法院起诉之日起向前推算2年计算。但是，从权利被侵害之日起超过20年的，人民法院不予保护。有特殊情况的，人民法院可以延长诉讼时效期间。

（二）诉前保全

1. 诉前财产保全

为了及时制止侵权行为的扩大，在起诉之前或在审理过程中，著作权人或其他权利人得向人民法院申请采取财产保全措施。保全措施包括查封、扣押、冻结侵权物品。如果是在诉前提出的，申请人必须提供担保，并在法院采取措施 **15 日内**起诉。

2. 诉前证据保全

在证据可能灭失或者以后难以取得的情况下，著作权人可以在起诉前向人民法院申请保全证据。人民法院接收申请后，必须在 **48 小时内**作出裁定。裁定采取保全措施的，应当立即开始执行。人民法院可以责令申请人提供担保，申请人不提供担保的，驳回申请。申请人在人民法院采取保全措施后 **15 日内**不起诉的，人民法院应当解除保全措施。

延伸阅读　《著作权法》对著作权侵权行为的规定

第五十二条　有下列侵权行为的，应当根据情况，承担停止侵害、消除影响、赔礼道歉、赔偿损失等民事责任：

（一）未经著作权人许可，发表其作品的；

（二）未经合作作者许可，将与他人合作创作的作品当作自己单独创作的作品发表的；

（三）没有参加创作，为谋取个人名利，在他人作品上署名的；

（四）歪曲、篡改他人作品的；

（五）剽窃他人作品的；

（六）未经著作权人许可，以展览、摄制视听作品的方法使用作品，或者以改编、翻译、注释等方式使用作品的，本法另有规定的除外；

（七）使用他人作品，应当支付报酬而未支付的；

（八）未经视听作品、计算机软件、录音录像制品的著作权人、表演者或者录音录像制作者许可，出租其作品或者录音录像制品的原件或者复制件的，本法另有规定的除外；

（九）未经出版者许可，使用其出版的图书、期刊的版式设计的；

（十）未经表演者许可，从现场直播或者公开传送其现场表演，或者录制其表演的；

（十一）其他侵犯著作权以及与著作权有关的权利的行为。

第五十三条　有下列侵权行为的，应当根据情况，承担本法第五十二条规定的民事责任；侵权行为同时损害公共利益的，由主管著作权的部门责令停止侵权行为，予以警告，没收违法所得，没收、无害化销毁处理侵权复制品以及主要用于制作侵权复制品的材料、工具、设备等，违法经营额五万元以上的，可以并处违法经营额一倍以上五倍以下的罚款；没有违法经营额、违法经营额难以计算或者不足五万元的，可以并处二十五万元以下的罚款；构成犯罪的，依法追究刑事责任：

（一）未经著作权人许可，复制、发行、表演、放映、广播、汇编、通过信息网络向公众传播其作品的，本法另有规定的除外；

（二）出版他人享有专有出版权的图书的；

（三）未经表演者许可，复制、发行录有其表演的录音录像制品，或者通过信息网络向公众传播其表演的，本法另有规定的除外；

（四）未经录音录像制作者许可，复制、发行、通过信息网络向公众传播其制作的录音录像制品的，本法另有规定的除外；

（五）未经许可，播放、复制或者通过信息网络向公众传播广播、电视的，本法另有规定的除外；

（六）未经著作权人或者与著作权有关的权利人许可，故意避开或者破坏技术措施的，故意制造、进口或者向他人提供主要用于避开、破坏技术措施的装置或者部件的，或者故意为他人避开或者破坏技术措施提供技术服务的，法律、行政法规另有规定的除外；

（七）未经著作权人或者与著作权有关的权利人许可，故意删除或者改变作品、版式设计、表演、录音录像制品或者广播、电视上的权利管理信息的，知道或者应当知道作品、版式设计、表演、录音录像制品或者广播、电视上的权利管理信息未经许可被删除或者改变，仍然向公众提供的，法律、行政法规另有规定的除外；

（八）制作、出售假冒他人署名的作品的。

通过以上的学习，你是否对于著作权侵权的相关内容都已经掌握了呢？请通过下面的【练一练】来检测一下吧！

练一练

（多项选择题）甲影视公司将其摄制的电影《愿者上钩》的信息网络传播权转让给乙网站，乙网站采取技术措施防范未经许可免费播放或下载该影片。丙网站开发出专门规避乙网站技术措施的软件，供网民在丙网站免费下载使用。学生丁利用该软件免费下载了《愿者上钩》供个人观看。对此，下列哪些说法是正确的？（　　）

A. 丙网站的行为侵犯了著作权

B. 丁的行为侵犯了著作权

C. 甲公司已经丧失著作权人主体资格

D. 乙网站可不经甲公司同意以自己名义起诉侵权行为人

解析：丙网站仅仅是开发了规避技术措施的软件并提供下载，其并没有使用该软件用来避开或者破坏乙网站的技术措施，真正避开技术措施的是丁，因此侵权的应该是丁而非丙网站，所以B项正确，而A项不正确。甲公司向乙网站转让的信息网络传播权是一项著作财产权，甲公司的著作权人主体资格并不因一项著作财产权的转让而丧失。故C项错误。乙网站通过受让取得了电影《愿者上钩》的信息网络传播权，那么对于侵犯其信息网络传播权的行为，乙网站有权不经甲公司同意以自己名义起诉侵权行为人。故D项正确。因此，本题正确答案为ABD。

延伸阅读 《著作权法》对技术措施的保护

随着信息时代的发展，数字化作品的侵权问题日益加剧，许多著作权人开始在数字化作品中和网络上使用各种技术手段保护自己的利益。例如在软件中加入特殊的验证手段，防止软件被非法拷贝或利用；在网络电视节目中使用加密手段，没有提前购买的用户无法进行观看，等等。这些类似的手段被称为技术措施（technological measure）或技术保护措施（technological protection measure）。

我国《著作权法》第53条第6项规定了保护“技术措施”的原则性规定：未经著作权人或者与著作权有关的权利人许可，故意避开或者破坏技术措施的，故意制造、进口或者向他人提供主要用于避开、破坏技术措施的装置或者部件的，或者故意为他人避开或者破坏技术措施提供技术服务的，法律、行政法规另有规定的除外。2013年《信息网络传播权保护条例》对技术措施的保护进行了更为详尽的规定，其中第4条规定了“防止接触作品的技术措施保护”：“为了保护信息网络传播权，权利人可以采取技术措施。任何组织或者个人不得故意避开或者破坏技术措施，不得故意制造、进口或者向公众提供主要用于避开或者破坏技术措施的装置或者部件，不得故意为他人避开或者破坏技术措施提供技术服务。但是，法律、行政法规规定可以避开的除外。”第26条对“技术措施”进行了准确界定，“技术措施，是指用于防止、限制未经权利人许可浏览、欣赏作品、表演、录音录像制品的或者通过信息网络向公众提供作品、表演、录音录像制品的有效技术、装置或者部件”。

从《信息网络传播权保护条例》的相关规定可以看出，我国对于“著作权人的专有权利”和“防止接触作品”两个角度均进行保护，保护水准与欧盟持平，已经超过了现行的美国版权法。

第四章

商标概述

第一节　商标与商标法概述

学材导语

商标是我们生活中随处可见的标志，那么什么是商标？是不是大街上随处可见的标志都是商标呢？《商标法》对商标是如何规定的呢？对于这些问题，你是否充满了好奇呢？那就让我们带着这些问题一起学习本节的内容吧！

一、商标的概念与特征

（一）商标的概念

《商标法》第 8 条规定："任何能够将自然人、法人或者其他组织的商品与他人的商品区别开的标志，包括文字、图形、字母、数字、三维标志、颜色组合和声音等，以及上述要素的组合，均可以作为商标申请注册。"

根据上述定义，关于商标概念的理解作以下说明：

（1）主体的限制。商标的所有人或使用人是（也只能是）商品生产者、经营者或服务项目的提供者。

（2）因商标的识别对象是商品或服务项目，故商标包括商品商标和服务商标。商品商标如肯德基的标志图像；服务商标如中国建设银行标志。

（3）商标的基本功能是识别商品或服务来源，并区别同类商品或服务的标志。

（4）商标的构成要素可以是文字、图形、字母、数字、三维标志、颜色组合和声音，也可以是上述这些要素的组合。

（二）商标的特征

商标作为知识产权法的保护对象，自然具备知识产权法保护对象的一般特征。除此之外，还具有自己所专有的特殊特征。

1. 依附性

商标与商品具有密不可分的关联性，凡未与商品结合的文字、图形、立体造型或者声音均不是商标法意义的商标。商标必须依附于商品或服务而存在，未与特定商品或者服务相结合的符号，不可能构成商标。在现实中，商标与商品的结合可以有两种方式：第一种方式是靠**申请注册**商标标志与商品结合；第二种方式是在商品或服务的流通领域里**直接将商标标志使用**在商品上。

2. 显著性

商标是区别商品或服务来源的标记，只有具备显著性，才能达到表明其来源并区别其他同类商品或服务的目的。商标具有显著性即区别能力，是商标的固有属性，是商标注册的法定条件之一。商标的显著性指商标所具备的借以将一经营者的商品或服务与其他经营者的商品或服务区分开来的特性。商标的显著性是商标的本质特征，也是某一标志成为商标或失去商标资格的最主要的依据。根据我国《商标法》第9条的规定，申请注册的商标，应当有显著特征，便于识别。据此，一个由文字、声音或图形构成的标记，其含义或者所产生的观念与特定产品或者服务直接相关，即符合显著性要求。从显著性产生的方式看，有固有显著性、获得显著性、显著性的退化和丧失几种情形。

(1) 固有显著性，指一个标志具有天然的显著特征，它来自一个标志的正确创设或选用。各国法律均规定含有某些因素的标记不具有显著性。我国《商标法》规定凡属于下列标志，均为缺乏显著性：官方标记、徽记；通用名称；描述性标志、地名、功能性三维标志，等等。排除上述禁用标志的标志具有固有显著性，但它们的显著性强弱有差别。从商标创设角度讲，臆造商标的显著性最强，随意商标次之，暗示性商标的显著性较弱。

(2) 获得显著性，也称为“第二含义”，指一个缺乏固有显著性的标志经过长期、连续使用而产生新的含义，具备识别商品的能力时，该标志即被视为具备了显著特征，可以获准注册。

(3) 显著性的退化和丧失。商标的显著性并不是一成不变的。具有显著性的商标经过使用也可能导致显著性退化或丧失，表现为：一个原有效注册或使用的商标演变为商品通用名称，从而进入公有领域，无法为注册人专有专用。

延伸阅读 商标的显著性

商标的显著性是指商标所使用的文字、图形、数字、颜色或其他构成要素，能够区别不同生产者或经营者生产的产品或提供的服务。根据《商标法》第11条的规定，缺乏显著性是商标注册的禁止条件，这里所述的“缺乏显著特征”主要包括以下内容：

(1) 申请注册的商标由过于简单的文字构成。如商标由两个以下普通字体的拉丁字母构成，如et，A。

(2) 申请注册的商标由过于简单的图形构成，如一条简单的横线或一个简单三角形。

(3) 申请注册的商标由单一颜色所构成，如牛奶商品上的奶白色。

(4) 某些通用的称谓作为商标申请注册的，如有限公司、贸易公司、店铺等。

(5) 申请注册的商标由常见的姓氏构成且以普通字体形式书写的，如王记、张氏。

这些标志之所以缺乏显著特征，主要是因为这些标志通常由公众、行业或一定的人群所共用，不能使公众识别出某商品或某服务来源于某生产者或经营者，起不到区别不同生产者或经营者生产的产品或提供的服务的作用。此外，申请注册的商标含有牛、羊、猪、猴、马、草地、太阳等诸多要素的，因其过于复杂也视为缺乏显著特征。

（三）与商标相关的概念

与商标相关的几个概念的含义及与商标的区别见表4-1。

表4-1　与商标相关的概念

概念	含义	与商标的区别
商号	商号是商事主体用于同其他商事主体相区别的标志。如海尔集团，“海尔”便是其商号。	1. 二者的使用对象不同。商标的使用范围是以商品为核心的，是商标的标记；商号的使用则是以商事主体为核心的，因为商号是企业或者公司的标志。 2. 二者的功能或作用不同。商标的主要作用是区分同种或类似商品的来源渠道；商号是区分此企业与彼企业。 3. 商号在全国范围内并不具有绝对的排他性；商标则不同，经过注册核准的商标权利人享有完全的专用权，而且这种权利效力在全国范围内有效。
商品广告	商品广告是以介绍商品的名称、特征并进行销售说服等为主要内容的广告。	商标的直接目的是让消费者能够从众多相同或者类似商品中区分辨别出自己喜爱的商品；而商品广告的直接目的则是让消费者从商品内在质量和外在形象上接受该种商品，并在消费者心中建立起该商品与特定的商标或厂商之间的联系。
商品的包装与装潢	商品的包装与装潢是用来装饰、宣传商品的，通过与众不同的图案、色彩、文字、造型甚至新型材料来装饰商品，其目的是美化商品，使其引人注目，从而刺激消费者购买。	商品的包装与装潢和商标常常同时出现在商品上，二者紧密联系，但存在很大区别。首先，商标的功能在于区别商品来源；商品包装与装潢的功能在于美化、彰显商品，吸引消费者。其次，商标一般来讲比较稳定，不会过分频繁地变动，否则商标就无法实现区别来源的功能；但商品的包装与装潢要随着市场销售的需要、消费者审美和消费习惯的变化而变化。最后，商标由于显著性的要求，一般不会直接表示商品名称、图形或原料等内容；但商品的包装与装潢则一般会尽可能地反映商品本身的特点，使消费者最好能通过商品的包装与装潢直接感知到商品的内容。

续表

概念	含义	与商标的区别
地理标志与产地标记	地理标志，也称为原产地名称，是一个国家、地区或地方的地理名称，表明商品来源于某一地区，而商品的特定品质、信誉或其他重要特征，主要是由该地区的自然因素或者人文因素所决定的。 产地标记，也称为产地名称或货源标记，它用以表明一种商品来源于某一国家、地区或地方。尽管同地理标志一样都具有标明商品来源地的作用，但产地标记只表明商品的制造地、出产地，即商品从何而来，并无其他特别的意义，无法与商品的品质、声誉相联系。	地理标志、产地标记也具有一定的识别作用，但它们与商标有两方面区别：第一，商标所识别的是某一经营者不同于其他经营者的同一种商品或同一种服务；地理标志、产地标记则表明商品来源于某一特定地区，并不具有识别商品、服务的不同经营者的功能。第二，除特殊情形外，商标一般只能为特定的经营者所专用；地理标志则可以为同一特定地域范围内生产具有相同特征的同一商品的经营者所共同使用，各个经营者可以同时使用地理标志和自身商品或服务的商标。
特殊标志	特殊标志，是指全国性和国际性的文化、体育、科学研究及其他社会公益活动所使用的，由文字、图形组成的名称及缩写、会徽、吉祥物等标志。例如奥运五环标志就是很典型的特殊标志。	从形态上，特殊标志与商标非常近似，而且也会出现在商品上或商品包装上，但两者有着一定区别：第一，商标的所有人是以赢利为目的的经营者；而特殊标志的所有人是文化、体育、科学研究以及其他公益活动的主办者。第二，特殊标志的所有人为募集资金可以径行或许可他人将特殊标志使用于商品之上，即我们常见的“某某奥运会指定产品”等，但通过许可募得的资金必须用于相应的文化、体育、科学研究以及其他公益事业。第三，特殊标志使用于商品之上并不具有区别来源的功能，也不具有特殊品质的保障功能，仅仅是表明使用标志的经营者向特殊标志所有人提供了资金，为特定的文化、体育、科学研究以及其他公益事业提供了支持。

二、商标的分类

商标依据不同的标准可分为不同的种类，主要包括如下几种：

（一）可视性商标与非可视性商标

根据商标的构成要素不同，可将商标划分为可视性商标与非可视性商标。

可视性商标是通过人们的视觉可以观察感知到的商标，包括平面商标、立体商标和颜色商标。

平面商标包括文字商标、图形商标、字母商标、数字商标、组合商标。如“柯达”“尼康”。

立体商标是指以三维标志申请注册商标的，如意大利巧克力品牌费列罗的商标。

提醒注意：

仅由商品自身的性质产生的形状、为获得技术效果而需有的商品形状或者使商品具有实质性价值的形状，不得注册为立体商标。

颜色商标是以不同的颜色的排列、组合与色差组成的商标，如绿箭口香糖的包装。

非可视性商标是指不被视觉所感知，但能被听觉、味觉所感知的商标，统称为非形象商标，一般包括音响商标与气味商标。根据2013年修改后的《商标法》，声音可以作为商标的构成要素，典型的如“诺基亚之歌”。因此，音响商标在我国已成为一种可以获得法律保护的商标。至于气味商标在我国尚无法可依。

（二）商品商标与服务商标

依商标的使用者是商品经营者还是服务提供者，商标分为商品商标与服务商标。

商品商标是指商品的生产经营者在其生产、制造、加工、拣选或经销的商品上所使用的商标，例如“Apple”（苹果）就属于商品商标。

服务商标是指服务项目的经营者在其提供的服务上所使用的标记，例如“中国南方航空”就属于服务商标。

二者的区别如表4－2所示。

表4－2 商品商标与服务商标的区别

区别	商品商标	服务商标
使用对象不同	商品，表明商品的质量和特点。	服务，表明服务的质量和特点。
使用领域不同	适用于所有生产经营商品的行业。	只能适用于服务行业。
注册原则不同	有的特殊商品实行强制注册，如烟草制品、人用药品等。	全部为自愿注册。
使用方式不同	直接依附在商品上进行出售或者广告宣传。	只能通过服务行为来显示或者通过广告宣传等方式来使用。

（三）集体商标与证明商标

按照商标经营者是一般经营者还是某一集体组织，商标分为集体商标和证明商标。

集体商标是指以团体、协会或者其他集体组织名义注册，供该组织成员在商事活动中使用，以表明使用者在该组织中的成员资格的标志。如“潼南蔬菜”集体商标。集体商标不得转让，原则上也不得许可集体组织成员以外的人使用，但作为例外，以地理标志作为集体商标注册的，不受此限制。

证明商标，又称保证商标，是指能证明某种商品或服务来源、制造方法、原料、质量或者其他特定品质的标记。例如，绿色食品标志就是中国绿色食品发展中心注册的证明商标，凡具备了绿色食品生产、经营条件的个人或者企业，都可以向中国绿色食品发展中心提出申请，经审查符合标准之后，就可以使用绿色食品证明商标。证明商标具有以下特点：

（1）证明商标的注册人与使用人不是同一主体；

（2）证明商标的内容与普通商标不同；

（3）证明商标不具有专用性。

三、我国商标法概念与发展历程

商标法是规定因调整商标的注册、使用、管理和保护商标专有权而发生的各种社会关系的法律规范的总和。

我国商标法所包括的法律规范是指以《商标法》为主的所有调整商标法律关系的法律、法规、条例、细则、办法等。在后续的学习中，同学们需要重要掌握的是《商标法》和《商标法实施条例》中的相关内容。商标是商业活动中必不可少的元素之一。

我国商标法的发展经历了漫长的过程，其发展过程如图 4－1 所示。

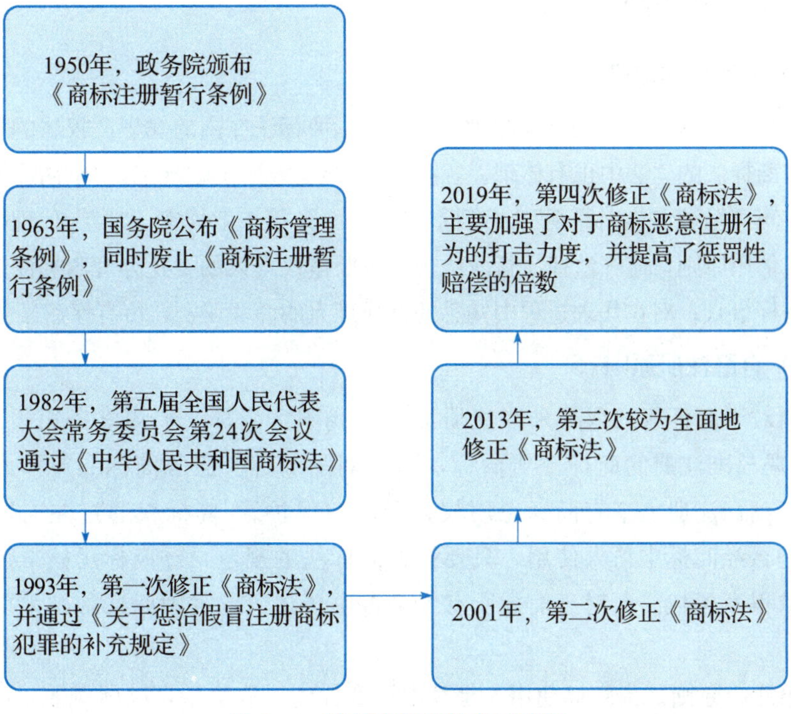

图 4－1　我国商标法的发展过程

第二节　商标权的取得

学材导语

通过前一节的学习，相信同学们对于商标的基本概念、特征及类型都有所了解了，本节我们来学习应该通过何种途径来获得商标，以及取得商标需要什么样的条件。

一、取得商标权的途径

商标权的取得可分为原始取得和继受取得。根据我国《商标法》第 4 条的规定，商标权的原始取得，应按照**商标注册**程序办理。商标注册人对注册商标享有的专用权，受法律保护。继受取得应按合同**转让和继承**注册商标的程序办理。根据我国商标法的规定，未注册商标的使用人虽然可以根据具体情况获得一定程度的法律保护，但不享有商标权。对于不以使用为目的的恶意商标注册申请，应当予以驳回。

二、商标注册的原则

（一）诚实信用原则

诚实信用原则是民法的基本原则，也是包括商标法在内的知识产权法的基本原则之一，在商标法的立法中也有体现。《商标法》第 7 条第 1 款规定："申请注册和使用商标，应当遵循诚实信用原则"。《商标法》第 19 条第 1 款规定："商标代理机构应当遵循诚实信用原则，遵守法律、行政法规，按照被代理人的委托办理商标注册申请或者其他商标事宜；对在代理过程中知悉的被代理人的商业秘密，负有保密义务。"

（二）自愿注册原则

我国对于商标权的取得采取注册原则。我国《商标法》第 3 条第 1 款规定："经商标局核准注册的商标注册商标，包括商品商标、服务商标和集体商标、证明商标；商标注册人享有商标专用权，受法律保护。"商标权通过注册取得，不管商标是否经商标申请人使用，只要符合商标法的规定，经商标局核准注册，申请人就取得商标权。而对于商标所有人是否申请注册，我国商标法则采取自愿注册原则。

自愿注册原则是指商标使用人是否申请商标注册取决于自己的意愿。商标专有权通过注册登记取得，不论商标是否经申请人使用，只要经过商标注册机关依法注册，申请人便取得商标专用权，受法律保护。但法律、行政法规规定必须使用注册商标的商品，必须申请商标注册，未经核准注册的，不得在市场销售，如烟草及烟草制品等。

提醒注意：

未经注册的商标，可以在生产服务中使用，但其使用人不享有专用权，无权禁止他人在同种或类似商品上使用与其商标相同或近似的商标（驰名商标除外）。

与自愿注册原则不同的是全面注册原则，又称强制注册原则。全面注册原则要求生产经营者的商品应当使用商标的都必须使用商标。所有商标都必须注册，未注册商标不得使用。我国是以自愿注册原则为基础，仅针对烟草制品行业采取强制注册原则。

（三）申请在先为原则，使用在先为补充

我国商标法采用申请在先原则，即对于两个或两个以上的申请人在同一种商品或类似商品上，以相同或者近似的商标申请注册的，申请在先的商标，其申请人可获得商标专用权，在后的商标注册申请予以驳回。如果是**同一天**申请，初步审定并公告**使用在先**的商标，驳回后使用申请人的申请，不予公告。

两个或者两个以上的申请人，在同一种商品或类似商品上，分别以相同或近似的商标在同一天申请注册的，各申请人应当自收到商标局通知之日起**30 日内**提交其申请注册在先使用该商标的证据，同日使用或者均未使用的，各申请人可以自收到商标局通知之日起 30 日内**自行协商**，并将书面协议报送商标局；不愿协商或者协商不成的，商标局通知各申请人以**抽签的方式**确定一个申请人，驳回其他人的注册申请。

（四）优先权原则

优先权是指任何一个《巴黎公约》成员方国民向任何一个公约成员方就工业产权（包括专利权和商标权在内）保护第一次提出正式申请后的一定期间内，专利和实用新型的期限为 12 个月，商标与外观设计的期限为 6 个月。在此期限内再向其他成员提出申请时，该成员方应当将该申请人的第一次申请日视为在该国提出申请的日期，即优先权日。我们商标法目前规定了国外优先权和国内优先权。

1. 国际优先权

商标注册申请人自其商标在外国首次提出商标注册申请之日起 6 个月内，又在中国就相同商品以同一商标提出商标注册申请的，依照该外国同中国签订的协议或共同参加的国际条约，或按照相互承认优先权原则，可以享有优先权。

2. 国内优先权

商标在中国政府主办的或者承认的国际展览会展出的商品上首次使用的，自该商品展出之日 6 个月内，该商标的注册申请人可以享有优先权。申请人要求优先权的，

应当在提出商标注册申请的时候提出书面声明，并在 3 个月内提交首次提出的商标注册申请的有关文件；未提出书面声明或逾期未提交商标注册申请有关文件的，视为未要求优先权。

三、商标注册的条件

（一）申请人条件

自然人、法人或者非法人组织在生产经营活动中，对其商品或服务需要取得商标专用权的，应当向商标局申请商标注册。两个以上的自然人、法人或者非法人组织可以共同向商标局申请注册同一商标，共同享有和行使该商标的专用权。

（二）商标构成的条件

1. 商标的必备条件

商标的必备要件包括两项：第一，应当具备法定的构成要素。任何能够将自然人、法人或者非法人组织的商品与他人的商品区别开的标志，包括文字、图形、字母、数字、三维标志、颜色组合和声音等，以及上述要素的组合，均可以作为商标申请注册。除此之外的气味商标、动态商标等不能在我国注册。第二，商标应当具有显著性特征。商标的显著性特征可以通过两种途径获得：一是标志本身固有的显著性特征，如立意新颖、设计独特的商标；二是通过使用获得显著性特征，如直接叙述商品质量等特点的叙述性标志经过使用取得显著性特征，并便于识别的商标。

提醒注意：

你还记得第一节中所讲的商标显著性的问题吗？这里的商标必备条件要和前面的内容结合起来记忆理解。

2. 商标的绝对禁止条件

在对商标注册保持开放态度的同时，为了保护公共利益和除商标申请人以外其他民事主体的权益，我国《商标法》也规定了不予注册的情形。所谓“商标的绝对禁止条件”，即“禁用条款”，申请注册的商标如果违反禁用条款，就不能被核准注册，也不能作为未注册商标进行使用。

（1）为维护我国国家尊严和尊重他国及国际组织而禁用的标志。

1）同中华人民共和国的国家名称、国旗、国徽、国歌、军旗、军徽、军歌、勋章等相同或者近似的，以及同中央国家机关的名称、标志、所在地特定地点的名称或者标志性建筑物的名称、图形相同的。这一规定体现了维护我国国家尊严和人民军队的尊严，在任何商品或服务上使用与国家名称、国旗、国徽、军旗、勋章相同或近似的文字、图形都是极不严肃的，是对国家、人民军队的冒犯。

值得一提的是，“与中央国家机关所在地特定地点的名称或者标志性建筑物的名称、图形相同的标志不得作为商标使用”的规定，是我国在2001年第二次修正《商标法》时新增加的规定，为解决将“人民大会堂”的名称以及图形注册为商标引起的纠纷提供了解决的法律依据，但对于在此之前已经注册有效的文字、图形等商标，如香烟产品上使用的“中南海”等商标，仍然应当保留其商标地位。2013年第三次修正《商标法》时，增加规定声音可以作为商标，因此本条款又进行了进一步细化，将绝对禁止的范围扩展到了“国歌”“军歌”。

2）同外国的国家名称、国旗、国徽、军旗等相同或者近似的，但该国政府同意的除外。这一规定体现了我国对外国国家和军队的尊重。但是不同国家的国情有很大差异，各国政府对本国的国家名称、国旗、国徽、军旗等标志是否可以当作商标使用的认知可能存在差异。有些国家并不反对将自己的国家名称、国旗、国徽、军旗作为商标进行使用，这种情况下我们也没有必要在《商标法》中强行对此进行管制。因此，2001年我国第二次修正《商标法》时，对本条款增加了一款“但书”：“但经该国政府同意的除外”。

3）同政府间国际组织的名称、旗帜、徽记等相同或者近似的，但经该组织同意或者不易误导公众的除外。这一规定体现了我国对政府间国际组织的尊重，但正如前文所述，某些政府间国际组织可能不反对将自身的名称、旗帜、徽记等作为商标进行使用。因此，2001年我国第二次修正《商标法》时，同样增加了一款“但书”：“但经该组织同意或者不易误导公众的除外”。

4）与表明实施控制、予以保证的官方标志、检验印记相同或者近似的，但经授权的除外。例如卫生检疫部门在肉类上面使用的蓝色检验检疫标记、专门用于纯金制品上的“纯金标志”等。如果未经许可将与这些标志相同或者近似的标志作为商标使用显然会误导消费者，产生欺骗公众的效果。

5）同“红十字”“红新月”的名称、标志相同或者近似的。“红十字”是国际性的志愿救护、救济组织，其标志为白色背景的“红十字”，代表着战时进行战地救护和战俘救济工作的组织和人员的中立性；伊斯兰国家采用“红新月会”名称，采用“红新月”标志。与该类标志相同或近似的标志不能随意用作商标，否则会损害医疗机构的地位与价值，严重的情况下还可能引发一定的混乱。

请注意，前述第2、3、4项并非绝对不能作为商标使用，经外国政府、相应组织同意、授权即可。而其他项是绝对禁止的，根据《商标法》第10条的规定，上述情形是禁止作为商标使用的情形。

（2）禁止将具有不良影响的标志用作商标。

1）带有民族歧视性的。我国是多民族的国家，各民族相互平等、共同发展繁荣。因此从维护民族团结和国家稳定繁荣的角度，必须充分尊重少数民族的风俗、习惯，严禁使用带有民族歧视的内容作为商标。当然，这一规定也延及带有种族歧视的商标，全世界各族人民，不论肤色、种族如何，都应当是平等的。比如英文单词darkie是“黑鬼”的意思，是对黑人的蔑视性称呼，带有非常明显的歧视性，绝对禁止将其作为商标使用或注册。

2）带有欺骗性，容易使公众对商品的质量等特点或者产地产生误认的。例如保健品上使用“百病消”商标，此类商标一方面可能使消费者产生错误认知，上当受骗；另一方面也扰乱了正常的市场秩序，不符合诚实信用原则和中国特色社会主义的道德要求。2013 年我国第三次修正《商标法》时，对该条款增加了“容易使公众对商品的质量等特点或者产地产生误认”的表述。

3）有害于社会主义道德风尚或者有其他不良影响的。例如色情的文字、图形。“有害于社会主义道德风尚或者有其他不良影响”是一个比较宽泛的概念，在实践中需要根据具体情况进行判读，考虑该标志本身或者其构成要素是否可能对我国的政治、经济、宗教、文化、民族关系等社会公共利益、公共秩序和公共文化产生消极影响。对于那些宣传负面信息、危害国家统一、严重损害消费者利益、严重误导消费者和其他违背善良风俗的标志，均不能作为商标进行注册或使用。比如希特勒发动了第二次世界大战，给全世界人民造成了极大的灾难，如果将“希特勒”的名字用作商标注册和使用的话，显然是极不合适的。

（3）关于地名作商标的禁止性规定。

县级以上行政区划的地名或者公众知晓的外国地名，不得作为商标。但是，地名具有其他含义或者作为集体商标、证明商标组成部分的除外；已经注册的使用地名的商标继续有效。实践中，有些商标由地名和其他要素组成，在这种情形下，如果商标因有其他要素的加入，在整体上具有显著性特征，而不再具有地名含义或者不以地名为主要含义的，就不宜因其含有县级以上行政区划的地名或者公众知晓的外国地名，而认定其属于不得注册的商标。

例如，云南的普洱是一个地级市，但如前所述，其可以被注册为证明商标和集体商标。地名有其他含义的，也可以被注册为商标，例如我国有凤凰县，如果有人在注册“凤凰”商标时不是取其地名的含义，而是取其吉祥鸟的含义，那就可以注册，例如凤凰牌自行车。此外，以前已经注册的县级以上地名商标不再撤销，例如“青岛”啤酒、“北京”香烟等。

（4）关于三维标志禁止作为商标的规定。

我国《商标法》第 12 条规定：“以三维标志申请注册商标的，仅由商品自身的性质产生的形状、为获得技术效果而需有的商品形状或者使商品具有实质性价值的形状，不得注册。”如果核准以商品自身的性质产生的形状、为获得技术效果而需有的商品形状或者使商品具有实质性价值的形状作为标志的商标申请注册，将使得同类商品生产者的生产经营活动受到严重限制，因为对他们而言这些三维形状是根本无法避免的。

关于三维标志禁止作为商标的规定，体现了商标的“非功能性”（non-functional），进一步明确了商标保护与专利保护的界限。对于具有技术效果或实质性价值的商品形状，如果满足专利法的相关授权条件，可以申请作为发明、实用新型或者外观设计专利，在一定期限内受到法律的强制性保护，在保护期限届满之后进入公有领域。如果具有技术效果或实质性价值的商品形状可以作为三维标志获得商标法保护的话，由于商标可以无限进行续展，那么具有技术效果或实质性价值的商品形状就相当于获得了永久保护。这显然十分不利于市场主体的平等竞争，也间接架空了专利法律制度。

（5）禁止使用他人的驰名商标。

我国《商标法》第13条规定禁止使用他人驰名商标，对于相关公众所熟知的商标，持有人认为其权利受到侵害时，可以依照本法规定请求驰名商标保护。具体分为两种情况：第一，就相同或者类似商品申请注册的商标是复制、摹仿或者翻译他人未在中国注册的驰名商标，容易导致混淆的，不予注册并禁止使用。第二，就不相同或者不相类似商品申请注册的商标是复制、摹仿或者翻译他人已经在中国注册的驰名商标，误导公众，致使该驰名商标注册人的利益可能受到损害的，不予注册并禁止使用。

有关于驰名商标的具体内容，我们将在第五章中进行详细介绍。

（6）不得损害被代理（表）人的利益。

我国《商标法》第15条规定了“不得损害被代理（表）人的利益”的禁止注册情形。《商标法》第15条第1款规定：“未经授权，代理人或者代表人以自己的名义将被代理人或者被代表人的商标进行注册，被代理人或者被代表人提出异议的，不予注册并禁止使用。”

2013年我国第三次修正《商标法》时，在本条款中增设了第2款：“就同一种商品或者类似商品申请注册的商标与他人在先使用的未注册商标相同或者近似，申请人与该他人具有前款规定以外的合同、业务往来关系或者其他关系而明知该他人商标存在，该他人提出异议的，不予注册。”进一步扩大了禁止违反诚实信用原则的抢注行为，通过合同、业务往来关系明知在先使用人未注册商标并抢先注册，显然违反诚实信用原则，不利于我国市场经济的有序发展。

（7）关于使用虚假地理标志的禁止性规定。

我国《商标法》第16条第1款规定：“商标中有商品的地理标志，而该商品并非来源于该标志所标示的地区，误导公众的，不予注册并禁止使用；但是，已经善意取得注册的继续有效。”这里所说的地理标志，是指标示某商品来源于某地区，该商品的特定质量、信誉或者其他特征，主要由该地区的自然因素或者人文因素所决定的标志。

如果将地理标志作为商标使用，而商品又并非来源于地理标志所标示的地区，往往会产生误导公众的效果。例如，新疆吐鲁番所产的葡萄等各类水果闻名天下，价格也比其他地区的同类产品高出不少，如果允许某北方地区的水果销售公司将“吐鲁番”商标在水果品类上注册或进行使用，而其售卖的水果又不是来自吐鲁番，那么这样的商标注册和使用就会明显欺骗消费者。

（8）禁止不以使用为目的的恶意商标注册。

2019年我国第四次修正《商标法》之前，我国《商标法》中缺乏规制恶意申请、囤积注册等行为的条款。由于现有法律无法规制恶意抢注商标的情形，司法实践中法院往往需要对“不得损害被代理（表）人的利益”条款中的“代理人”“代表人”等主体进行扩大解释。2019年我国第四次修正《商标法》，第4条第1款规定：“自然人、法人或者其他组织在生产经营活动中，对其商品或者服务需要取得商标专用权的，应当向商标局申请商标注册。不以使用为目的的恶意商标注册申请，应当予以驳回。”针对恶意注册商标的行为进行了一系列规定，对于不以使用为目的的恶意注册申请，不予注册。

3. 相对禁止条件

对于涉及相对禁止条件的商标情形，《商标法》仅仅约束其不得作为商标注册，而不禁止其作为商标进行使用；另一方面，如果满足相对禁止条件的商标经过使用取得了显著性特征，可以作为商标获准注册。简而言之就是：原则上不得注册，但经过使用取得显著性特征，并便于识别的，可以作为商标注册。根据我国《商标法》第11条的规定，以下三种情形是禁止作为商标注册的情形：

（1）仅有本商品的通用名称、图形、型号的。

商品的通用名称、图形和型号是被某一行业所共同认可、共同使用的，有些甚至是此类商品与其他商品相区别的重要特征，不应该为某一经营者所垄断。如果允许将本商品的通用名称、图形、型号等注册为商标，将严重损害同行业其他从业者的利益，有悖于公平竞争的市场原则。例如我们不能注册“牛奶”牌牛奶、“电视”牌电视，因为这些都是商品名称；还有一些不那么直白的例子，例如“PDA”就是“个人数字助理”（掌上电脑）的通用名称，也不能注册为该类产品的商标。

（2）仅直接表示商品的质量、主要原料、功能、用途、重量、数量及其他特点的。

禁止直接以表示商品特征的文字、图形作商标，理由与上面禁止使用商品的通用名称、图形和型号作商标是一致的，都是从维护市场公平竞争与防止垄断的角度来考虑的。但需要注意的是，我国《商标法》禁止的是“直接”表示商品的质量、主要原料、功能、用途、重量、数量及其他特点的标志注册作为商标，而“间接”表明上述特征的商标原本就不在禁止之列。“间接”表示上述特征或暗示性表示商品特征的商标，很可能是具有显著性的商标。例如不能注册“冰凉”牌雪糕，驱蚊商品用的“敌尔蚊”文字商标也不能注册；高粱酿制的白酒类商品用的“红高粱”文字商标也不能注册。

（3）其他缺乏显著特征的标志。

商标应具有显著性是商标申请的积极要件之一，缺乏显著性的标志，不具有识别性、不能将商品或服务提供者与其他经营者区别开来，因此不能获得注册。例如过于简单的线条、普通几何图形不能注册为商标，过于复杂的文字、图形、数字、字母或上述要素的组合也不能注册为商标。

学习了上述内容之后，相信你对哪些要素可以注册商标、哪些要素不能注册为商标已有所了解，请通过下面的【练一练】来检测一下自己的学习效果吧！

练一练

“五粮液”此商标实际上是对酒的原料的说明，为何可以成为注册商标呢？

解析：“五粮液”实际上说明了该种白酒的原料，按规定是不能注册为商标的，但由于其在使用过程中获得了极大的显著性，以致一般消费者在提到“五粮液”的时候最直接的反应就是一种酒的牌子，很少有人想到这是在说该酒是由五种粮食酿造的，即后来获得了显著性，从而可以注册为商标。

4. 非冲突性

申请注册的商标不得与他人在先取得的合法权利相冲突，即不得侵犯他人的在先权利或合法利益。商标作为一项知识产权，同样要受到在先权利的制约，不能毫无限制，这也是《商标法》的应有之义。

第三节 商标注册程序及商标权的内容

学材导语

通过上一节的学习，同学们对于商标申请注册的积极条件和消极条件应该已了然于心了，那么接下来，我们就一起来学习申请人在向商标局申请注册商标时应当遵循怎样的程序，申请人获得商标注册后享有哪些权利和义务。

一、商标注册程序

（一）申请的代理

商标注册的国内申请人可以自己直接到商标局办理注册申请手续，也可以委托依法设立的商标代理机构办理。外国人或者外国企业在我国申请注册商标和办理其他商标事宜的，应当委托依法设立的**商标代理机构**代理。

（二）注册申请

商标注册申请人应当按规定的商品分类表填报使用商标的商品类别和商品名称，提出注册申请。商标注册申请人可以通过一份申请就多个类别的商品申请注册同一商标。商标注册申请等有关文件，可以以书面方式或者数据电文方式提出。

申请日期一般以国家知识产权局商标局收到申请文件的日期为准。申请人享有优先权的，优先权日为申请日。

（三）审查和核准

1. 国家知识产权局商标局对符合注册申请的处理

国家知识产权局商标局对符合注册申请的处理流程见图 4－2。

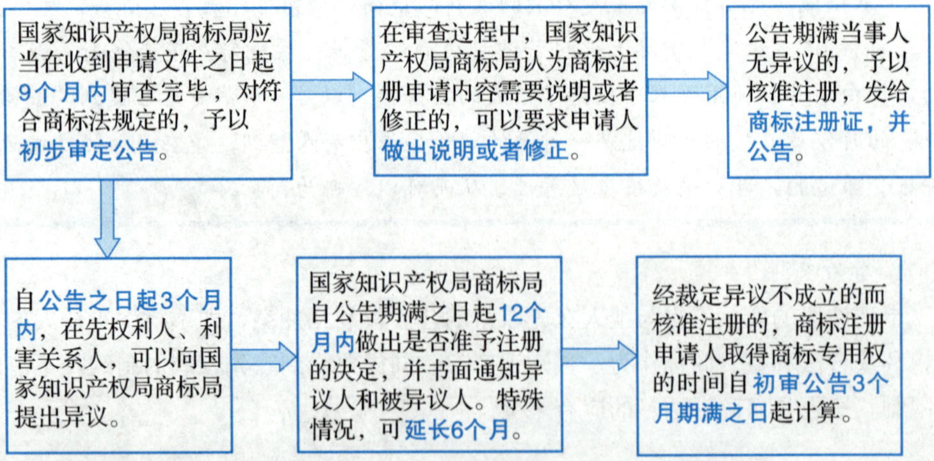

图 4－2　国家知识产权局商标局对符合注册申请的处理流程

2. 国家知识产权局商标局对不符合注册申请的处理

国家知识产权局商标局对不符合注册申请的处理流程见图 4－3。

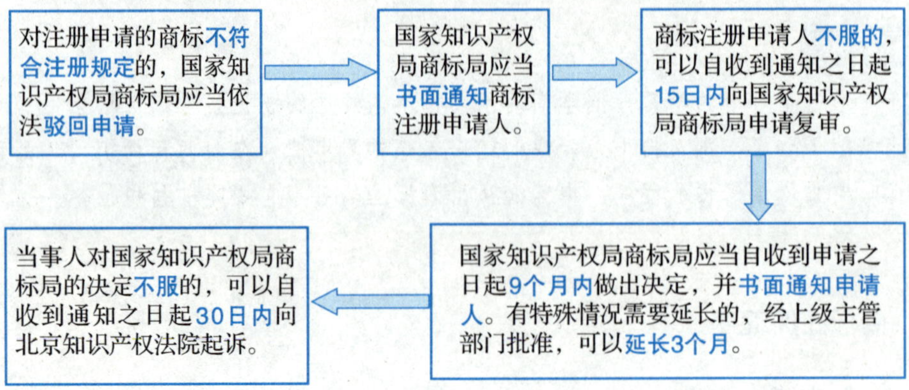

图 4－3　国家知识产权局商标局对不符合注册申请的处理流程

根据中央机构改革部署，原国家工商行政管理总局商标局、商标评审委员会、商标审查协作中心整合为国家知识产权局商标局，不再保留商标评审委员会、商标审查协作中心。原国家工商行政管理总局商标局承担的商标审查工作将以国家知识产权局的名义开展，原国家工商行政管理总局商标局的机构名称不再使用。

对于申请异议的情况，国家知识产权局商标局做出准予注册决定的，发给商标注册证，并予以公告。异议人不服，可以依照《商标法》第 44 条、第 45 条的规定向国家知识产权局商标局请求宣告该注册商标无效。国家知识产权局商标局做出不予注册决定，**被异议人不服**的，可以自收到通知之日起 **15 日内**向国家知识产权局商标局申请复审。国家知识产权局商标局自收到申请之日起 12 个月内做出复审决定，并书面通知异议人和被异议人。有特殊情况，可以延长 6 个月。

经裁定异议不能成立而核准注册的，商标注册申请人取得商标专用权的时间自初审公告 3 个月期满之日起计算，也就是视同没有异议情况下的注册商标生效日。

二、商标权的内容

（一）商标权人的权利

商标权是商标法的核心。各国商标法中对于商标权的内容都有详细的规定。商标权作为知识产权的一种，同样具有排他或专有效力。其具体内容主要表现为以下几个方面：

1. 专用权

专用权，是指商标权主体对其注册商标依法享有的自己在指定商品或服务项目上独占使用的权利。注册商标专用权，以核准注册的商标和核定使用的商品为限。使用商标的目的在于使公众能够区分市场上同类或类似商品的出处。如果商标权人对其商标不享有专有使用权，任何人都可以使用同样的商标，那么商标便无法发挥其区别作用。

提醒注意：

商标注册人申请商标注册前，他人已经在同一种商品或者类似商品上先于商标注册人使用与注册商标相同或者近似并有一定影响的商标的，注册商标专用权人无权禁止该使用人在原使用范围内继续使用该商标。

2. 许可权

许可权，是指商标权人可以通过签订商标使用许可合同许可他人使用其注册商标的权利。商标权人有许可或禁止他人使用其商标的权利。商标作为一种无体财产在事实上可以同时为多数人占有。这就使商标权人许可他人使用其商标成为可能。法律上对于这种可能性的确认和保护，即表现为商标权人有许可他人使用其商标的权利。严格地讲，这一权利是从商标权人的专有使用权中派生出来的。

许可人应当监督被许可人使用其注册商标的商品质量，被许可人必须在使用该注册商标的商品上标明被许可人的名称和商品产地。商标使用许可的类型主要有独占使用许可、排他使用许可、普通使用许可。

提醒注意：

许可他人使用其注册商标的，许可人应当将其商标使用许可报商标局备案，由商标局公告。商标使用许可未经备案不得对抗善意第三人。

3. 转让权

商标转让权，是指商标权人依法享有的将其注册商标依法定程序和条件，转让给他人的权利。转让注册商标的，商标注册人对其在同一种或者类似商品上注册的相同或者近似的商标，应当**一并转让**；未一并转让的，由国家知识产权局商标局通知其限期改正；期满不改正的，视为放弃转让该注册商标的申请，国家知识产权局商标局应当书面通知申请人。注册商标的转让不影响转让前已经生效的商标使用许可合同的效力，但商标使用许可合同另有约定的除外。

转让注册商经核准后，予以公告，受让人自公告之日起享有商标专用权。受让人应当保证使用该注册商标的商品质量。

4. 续展权

续展权，是指商标权人在其注册商标有效期届满前，依法享有申请续展注册，从而延长其注册商标保护期的权利。注册商标的有效期为**10 年**，自核准注册之日计算。注册商标有效期满，需要继续使用的，应当在期满前**12 个月内**申请续展注册；在此期间未能提出申请的，可以给予**6 个月的宽展期**。宽展期满仍未提出申请的，注销其注册商标。每次续展注册的有效期为 10 年，续展的次数**没有限制**。

5. 标示权

商标注册人有权标明“注册商标”字样或者注册标记。在商品上不便标明的，可以在商品包装或者说明书以及其他附着物上标明。

（二）商标权人的义务

商标权人在享有权利的同时还需承担相应的义务。这种义务主要表现在以下几个方面：

1. 关于商标使用方面的义务

商标权人在使用其商标时不得随意改变其商标的构成，否则可能造成与他人商标混淆，引起公众误认。我国《商标法》第 24 条规定：“注册商标需要改变其标志的，应当重新提出注册申请。”自行改变注册商标的标志并将改变后的商标仍按照注册商标使用，是被法律禁止的行为。商标一经核准注册，商标注册人在使用商标的时就必须严格按照商标局核准注册的商标使用，不得擅自改变核准的商标，因为商标一旦改变就超出了国家知识产权局商标局授予商标权人专有使用注册商标的权利范围。注册商标人的名义、地址等是商标注册的重要事项，如果商标注册人的名义、地址等发生变更而未及时办理变更手续，就可能造成商标局与商标注册人的联系中断，有关书件无法及时送达。我国《商标法》第 41 条规定：“注册商标需要变更注册人的名义、地址或者其他注册事项的，应当提出变更申请。”

商标权人如果不遵守《商标法》中关于商标使用上的义务，会引发相应的不利后果。我国《商标法》第 49 条第 1 款规定：“商标注册人在使用注册商标的过程中，自行改变注册商标、注册人名义、地址或者其他注册事项的，由地方工商行政管理部门责令限期改正；期满不改正的，由商标局撤销其注册商标。”

2. 关于商标权转让、许可使用方面的义务

商标转让或许可他人使用是商标权人的权利。但在行使这种权利的同时，商标权人还需履行一定的义务。依照我国《商标法》，注册商标转让必须由转让人和受让人共同向商标局提出申请；转让需经国家知识产权局商标局核准并公告方可对抗第三人。对于未注册商标的转让，现行法律没有规定严格的申请、核准以及公告手续，但有一点是不言自明的，即不得在市场中造成混淆或者商品粗制滥造的后果。

延伸阅读 如何区分注册商标与未注册商标?

注册商标：使用注册商标，可以在商品、商品包装、说明书或者其他附着物上标明“注册商标”或者注册标记。注册标记为“®”。使用注册标记，应当标注在商标的右上角或者右下角。

未注册商标：实践中一般在商标的右上角或者右下角标“TM”或“商标”。“TM”是 trademark 的缩写。

第四节 注册商标的使用

学材导语

一般来说，使用商标的权利仅属于原始商标权人，但实践中可以使用商标的方式有很多。第一类是通过与原始商标权人达成许可使用、转让商标等合意，从而使用商标；第二类是基于法律的规定，不需要商标权人同意就可以正当使用商标。本节我们就来学习这些内容。

一、注册商标的使用许可

注册商标的使用许可，是指商标注册人通过签订使用许可合同，许可他人使用其注册商标。通过签订使用许可合同，被许可人得到注册商标的使用权，许可人取得使用许可费。许可他人使用注册商标，被许可人获得的仅仅是使用注册商标的权利，而不是注册商标的所有权，注册商标的所有权仍属于商标注册人。

（一）注册商标使用许可的形式

商标使用许可的形式包括三种，如表 4-3 所示。

表 4-3 注册商标使用许可的形式

形式	概念	特征
独占使用许可	商标注册人在约定的期间、地域，以约定的方式，将该注册商标仅许可一个被许可人使用，其他任何人包括商标注册人均不得使用该注册商标。	具有**排他性**，不仅排除了第三人也排除许可人，即商标注册人。但是需要指出的是，被许可人的独占使用许可权仅限定在合同规定的地区，在这一地区外许可人完全可以许可他人使用其注册商标。
排他使用许可	商标注册人在约定的期间、地域以约定的方式，将该注册商标仅许可一个被许可人使用，商标注册人依约定可以使用该注册商标，但不得另行许可他人使用其注册商标。	具有排他性，但是这种排他性**仅排除第三人**而不排除商标注册人，比起独占使用许可形式，排他使用许可在实践中采用较多。
普通使用许可	商标注册人在约定的期间、地域以约定的方式，许可他人使用其注册商标，并可自行使用该注册商标和另行许可他人使用其注册商标。	享有普通使用权的被许可人不仅不能排斥商标注册人的使用，也不能排斥其他人享有该使用许可权，而且对于未经许可使用注册商标的侵权行为，除非有商标注册人的明确授权，也不享有禁止权，即被许可人不能独立对抗第三人。

上述三种不同的许可类型下，被许可人在诉讼中的主体地位有所不同：在发生注册商标专用权被侵害时，独占使用许可合同的被许可人可以向人民法院提起诉讼；排他使用许可合同的被许可人可以和商标注册人共同起诉，也可以在不起诉的情况下，自行提起诉讼；普通使用许可合同的被许可人经商标注册人明确授权，可以提起诉讼，若未经明确授权，则不能自行提起诉讼。

（二）注册商标使用许可合同

商标注册人许可他人使用其注册商标，应与被许可人订立合同。注册商标的使用许可依据被许可人是否向许可人支付使用费还可分为**有偿使用许可**与**无偿使用许可**。一般来说使用许可都是有偿的，至于支付使用费的方式及价金，通常由双方当事人在合同中协商确定。

（三）被许可人和许可人的义务

1. 被许可人的义务

对于商标许可关系中的被许可人而言，其义务包括：

（1）使用他人注册商标的被许可人，必须在使用该注册商标的商品上标明被许可人的名称和商品场地；

（2）被许可人应当保证与许可人的商品质量一致，应当接受许可人监督；

（3）凡是合同中没有明确规定允许被许可人转让许可的，被许可人不得将使用权转给第三人；

（4）被许可人应按照合同规定的方式和数额向许可人缴纳许可费。

2. 许可人的义务

对于商标许可关系中的许可人而言，其义务包括：

（1）许可人有监督被许可人商品质量的义务；

（2）应保证被许可人在合同规定期限内未经被许可人同意不得将注册商标转让给第三人，不得放弃续展注册，不得申请注销注册商标；

（3）在规定的时间内将许可合同报送至商标局备案。

二、注册商标的转让

注册商标转让是指商标所有人将其享有的商标专用权转让给他人所有。商标专用权与其他财产权一样，应当包含占有权、使用权、处分权。注册商标的转让是指这三项权利的全部转让，如果仅限于其中某一项权利的移转，还不能构成商标法上所指的注册商标的转让。

对比学习

注册商标的许可使用与注册商标的转让

注册商标的转让又称商标权的转让，是指注册商标所有人依法定程序根据一定的条件将其注册商标转让给他人所有的一种法律行为。注册商标的转让是商标主体的变更，在商标权转让后，原商标注册人即丧失了对该商标的所有权。商标专用权作为民事权利的一种，与普通财产权一样，权利人享有处分权。转让就是商标注册人行使处分权的一种方式。而注册商标的使用许可，只是在商标的使用主体上发生变更，但是商标的所有权人没有发生变更，还是原商标所有权人。

三、商标的变更

从一般意义上讲，商标变更至少包含两层含义：第一，商标图案或造型的变更；第二，商标权人名义或地址等注册项目的变更。商标图案或者造型的变更包括对商标图形、文字等构成商标标志的要素的变更。在我国，商标权通常需经过特定法律程序的确认才能成立，因此权利的效力和范围直接依赖于确认权利时登记和公告的商标标志。

理论上任何一种权利都应当经过公示程序才能对抗第三人。商标公告正是这种公示程序。如果法律允许商标权人擅自变更其商标标志，则可能导致商标权利范围的周界变得模糊。这对公众是不公平的，有可能直接危害正常的交易安全。因为公众正是通过商标公告所刊登的商标图案了解和掌握商标权的效力范围的。如果法律允许商标权人随意变更商标图案，公众便无从判断权利的范围。所以我国法律规定，如果需要改变注册商标的标志，必须另行申请注册。在我国，商标法上这种变更商标图案或者造型的情况不属于商标变更的范围。

对于商标权人名义或地址的变更，依法只需办理有关的变更手续即可，无须另行申请商标注册。申请变更商标注册人名义，应当向国家知识产权局商标局交送变更商标申请书和变更证明各一份，并交回原商标注册证。经国家知识产权局商标局核准后将原商标注册证加注返还，并予以公告。对于申请变更商标注册人地址或其他注册事项的，申请人应当向国家知识产权局商标局交送变更商标注册人名义申请书和变更其他注册事项申请书，以及有关变更证明各一份，并交回原商标注册证。经国家知识产权局商标局核准后将原商标注册证加注发还，并予以公告。

提醒注意：

商标权人在申请变更商标注册人名义或地址时，应当一并将其所有的注册商标全部办理变更手续，否则有可能导致公众误解。

四、商标的正当使用

商标的“正当使用”也被称为商标的“合理使用”（英美法系的习惯称呼），主要是指法律明文规定的一些不构成侵犯他人商标权的行为。对于商标的“正当使用”，注册商标专用权人无权禁止他人使用，国家知识产权局商标局对他人的正当使用行为也不能作为商标侵权行为查处。商标的正当使用主要包括以下几种类型：

（一）注册商标中含有本商品的通用名称、图形、型号

通用名称是指在一定范围内被普遍使用的某一商品种类的名称。根据形成过程，通用名称可分为两类：一是规范的商品名称，如在国家标准、行业标准以及专业辞典中载明的商品名称；二是约定俗成的商品名称、普遍使用的表示某类商品的通用名称或商品名称的简称。

（二）直接标示商品的质量、主要原料、功能、用途、重量、数量及其他特点的标志

对于商品的性质、用途、质量、主要原料、种类及其他特征等进行描述的标志缺乏固有显著性，只有经过长期的使用后获得“第二含义”，才能获准成为注册商标。但即使如此，商标权人也不能禁止他人使用商标中的描述性文字或者图形来说明商品的特征，因为文字或图形仍然属于公有领域，在其本来含义上对其进行使用是不会引起消费者对商品或者服务来源发生混淆的。《商标法》对该类注册商标的保护，仅仅限于对由商标权人的努力经营所带来的“第二含义”，而标志本身的“第一含义”仍然保留在公有领域，供公众自由使用。他人只要善意地使用该标志的“第一含义”，便不会引起消费者对商品或者服务的来源产生混淆。

（三）含有地名的标志

地名是指具有特定空间位置和地域范围的地理实体的专有名称，包括行政区划的地理名称、自然地理区域的名称等。地名原则上属于公共资源，为社会公众所共享。对于已注册为商标的具有第二含义的地名、县级以下行政区划地名以及自然地

理名称等，其兼具商标法律属性和地名自然属性。根据《最高人民法院公报》发布的公报案例“浙江省食品有限公司诉上海市泰康食品有限公司、浙江永康四路火腿一厂商标侵权纠纷案”，原产地名称与对地名的使用发生冲突时，生产者在其产品上正当使用原产地产品名称和专用标志的，不构成对注册商标专用权的侵害。

五、商标先用权

我国《商标法》第 59 条第 3 款规定：“商标注册人申请商标注册前，他人已经在同一种商品或者类似商品上先于商标注册人使用与注册商标相同或者近似并有一定影响的商标的，注册商标专用权人无权禁止该使用人在原使用范围内继续使用该商标，但可以要求其附加适当区别标识。”

上述规定赋予了商标在先使用人针对他人注册商标的在先使用抗辩权。我国《商标法》中的商标专用权基于注册产生，但作为能使得商品或服务提供者将自己的商品或服务与他人区别开来的商业符号，商标的根本价值源于在经营活动中的实际使用。根据全国人民代表大会常务委员会法制工作委员会编制的《中华人民共和国商标法释义》，《商标法》第 59 条第 3 款“是本次修改商标法时为了平衡商标在先使用人和注册商标专用权人之间的利益而新增加的内容，主要目的在于保护那些已经在市场上具有一定影响但未注册的商标所有人的权益”。但同时，《中华人民共和国商标法释义》也强调：“保护水准不宜过高，以免冲击到注册制这一商标管理中的基本制度。”比如，后续使用的主体应当限于“商标在先使用本人”或在先已获得授权的人，以此来避免在先使用抗辩对商标注册人的利益产生过度的影响。

六、商标权利穷竭

商标权利穷竭，又称商标权利用尽，是指使用注册商标的商品被商标权人或其授权的其他人合法投放到市场上，商标权人在这些商品上的商标权业已实现，其权利也因用尽而告消灭，商标权人失去了对该产品再次销售的控制权，无权阻止任何人在这些商品上继续使用其商标。换言之，任何人将在市场上合法取得的缀附注册商标的商品再行转让或投入工业上的使用均不构成对商标权的侵害，如果商标权人指控其侵权，其可用商标权利穷竭抗辩。

商标很少单独使用，绝大多数情况下都会附着于商品之上。商品作为有体物，消费者一旦将其合法购买之后就对其享有物权法上的所有权，有权以销售、赠与等方式对其进行处分。但是，销售带有商标的商品行为属于商标法意义上的商标使用行为，需要得到商标权人的许可，对于附着商标商品的再处分似乎就引起了所有权与商标权的冲突。销售带有商标的商品之所以属于商标使用行为，为商标法所禁止，就是因为商标法要阻止冒牌商品，防止消费者对商品来源产生混淆，保护商标权人的利益。但是在市场经济的条件下，如果允许商标权人限制合法购买了商品的消费者将商品自由处分，将严重干预商品自由流通的市场交易规则，对市场秩序产生极坏的影响，这样一来就偏离了商标法的立法目的。因此，对于经过商标权人许可向公众提供的商品，该商品上的商标权被视为“用尽”或“穷竭”，商标权人不能阻止商品的所有权人向公众再次出售或提供该商品。

当今世界，商标的权利穷竭主要有三种类型：一国范围内的穷竭、特定区域（如欧共体）内的穷竭和世界范围内的穷竭。不同权利穷竭原则的采用决定于一个国家所采取的不同的贸易自由和竞争的政策，直接影响着平行进口是否可以适用权利穷竭抗辩。所谓平行进口即未经进口国商标权人或其授权人的许可，第三人进口并销售附着注册商标之商品的行为，由于涉及的商品是在出口国合法取得的真品，而非假冒注册商标的商品，又被称为真品进口。权利穷竭抗辩究竟在一国领域内有效还是在世界范围内有效，决定了平行进口是否属于商标侵权行为。如果权利在一国领域内穷竭，那么未经许可在另一国家销售带有商标的商品仍然属于受商标专用权控制的商标使用行为，构成商标侵权；反之，如果在世界范围内穷竭，则此类行为不构成侵权。

延伸阅读 商标的“平行进口”在我国合法吗？

权利穷竭抗辩能否适用于平行进口行为？对此不能一概而论。如果说平行进口的商标使用行为导致进口国的消费者对商品来源产生混淆，或者由于进口国与出口国的商品质量不一导致进口国的权利人声誉受损，那么实施平行进口的一方不能提出权利穷竭抗辩；如果商品质量等因素在进口国与出口国完全一致，仅仅是价格不同，消费者也没有产生混淆，那么平行进口在一国是否合法实际取决于立法机关更倾向于保护本国消费者的利益还是商标权人的利益。

随着我国市场经济的蓬勃发展，有序高效的贸易流通和本国消费者的切身利益应当成为我们关注的重点，真品的平行进口应当被视为不侵犯商标权的行为，即允许行为人在此种情形下采取权利穷竭抗辩。

第五章

商标权的消灭及保护

第一节　商标权的消灭

学材导语

我们已经学习了商标权的取得和内容、如何注册商标等，那么商标权是不是无期限的权利呢？商标权会不会消灭呢？如果能够消灭，会有什么后果呢？学习完本节内容，你就会对这些问题有明确的答案。

商标权的消灭，是指注册商标权利人所享有的商标权在一定条件下丧失，不再受法律保护。商标权因注册商标被注销或者被撤销或者被宣告无效而消灭。

一、注册商标的注销

这是指商标主管机关基于某些原因取消注册商标的一种管理措施，是商标权的正常消灭情况。一般是因为商标权主体消灭或商标权人自愿放弃商标权等原因，而由国家知识产权局商标局采取的终止其商标权的一种形式。在下列情况下，商标局可以注销注册商标：

（1）注册商标法定期限届满，且已过宽展期，商标注册人未提出续展申请，或提出续展申请未被核准的，该注册商标终止；

（2）商标注册人自愿放弃商标权，**申请注销**其注册商标或者注销其商标在部分指定商品上的注册，该注册商标专用权或者该注册商标专用权在该部分指定商品上的效力自商标局收到其注销申请之日起终止。

此外，我国《商标法实施条例》在 2014 年修改之前，曾规定“商标注册人死亡或者终止，自死亡或者终止之日 **1 年期满**，该注册商标**没有办理转移手续**的，**任何人**可以向商标局申请注销该注册商标。提出注销申请的，应当提交有关该商标注册人死亡或者终止的证据。注册商标因商标注册人死亡或者终止而被注销的，该注册商标专用权自商标注册人死亡或者终止之日起终止”。但商标注册人死亡或者终止后，其注册商标将处于不使用的状态，一旦该状态持续 3 年，任何单位和个人都可以向国家知识产权局商标局申请注销该注册商标。因此，在 2014 年《商标法实施条例》修改之后，不再将“商标注册人死亡或终止”作为注册商标注销的理由。

二、注册商标的撤销

注册商标的撤销是国家知识产权局商标局对**违法使用**商标的注册人依法强制取

消已经注册的商标的一种强制性法律措施，也是违法者应当承担的**行政法律责任**。

注册商标撤销的情形主要包括如下三类：

（一）“以违犯法律的方式使用商标”引起的撤销

我国《商标法》第 49 条第 1 款规定：“商标注册人在使用注册商标的过程中，自行改变注册商标、注册人名义、地址或者其他注册事项的，由地方工商行政管理部门责令限期改正；期满不改正的，由商标局撤销其注册商标。”首先，自行改变注册商标可能导致注册商标被撤销。我国《商标法》第 56 条规定：“注册商标的专用权，以核准注册的商标和核定使用的商品为限。”一旦改变了注册商标的构成元素——文字、图形、字母、数字、三维标志和颜色组合以及上述要素的组合，等同于改变了核准注册的商标本身，应当重新提出商标注册申请。其次，自行改变商标注册人名义、地址或者其他注册事项也可能导致注册商标被撤销。我国《商标法》第 41 条规定：“注册商标需要变更注册人的名义、地址或者其他注册事项的，应当提出变更申请。”

（二）“无正当理由连续三年不使用”引起的撤销

我国《商标法》第 49 条第 2 款规定：“注册商标成为其核定使用的商品的通用名称或者没有正当理由连续**三年不使用**的，任何单位或者个人可以向商标局申请撤销该注册商标。商标局应当自收到申请之日起**九个月内**做出决定。有特殊情况需要延长的，经国务院工商行政管理部门批准，可以**延长三个月**。”我国《商标法》规定“无正当理由连续三年不使用”引起的撤销，其目的在于确保商标通过使用发挥其识别商品或服务来源的功能。为了维持商标注册所需要的“使用”应当是真实、善意并且具有一定商业规模的使用，仅仅是为了应付“使用”的义务而进行的象征性使用不能够满足本条款的要求。

（三）“商标成为商品的通用名称”引起的撤销

根据我国《商标法》第 49 条第 2 款的规定，注册商标成为其核定使用的商品的**通用名称**或者没有正当理由连续三年不使用的，任何单位或者个人可以向国家知识产权局商标局申请撤销该注册商标。显著性是一个标志能构成商标的基本条件。如果某一标志对某一类商品而言最初具有显著性，并获准注册成为此类商品的商标，但是经过一段时间的使用之后逐渐成为此类商品的通用名称，就会丧失识别来源的功能，即发生“显著性的退化”。

案例索引

德国拜耳公司于 19 世纪末发明了一种新型的解热镇痛药，化学名为“乙酰基水杨酸”。拜耳公司就此药在美国获得了专利权，并注册了文字商标“阿司匹林”（Aspirin）。专利保护期届满后，另一家制药公司也制造了同样的药物，并以“阿司匹林”的名称进行销售与推销，拜耳公司遂起诉该制药公司侵犯其注册商标权。

此案由美国纽约南区法院著名的汉德法官审理。他指出本案的关键问题在于，购买者仅仅是将“阿司匹林”理解为一种药物，还是认为其表示着药物来源于某一特定厂商。经过调查得知，药商、医生和药店的药剂师充分了解“阿司匹林”药物是由拜耳公司制造。但由于标有“阿司匹林”的药品上并未注明制造商是拜耳公司，而被告制药公司的药品上不仅标有“阿司匹林”，还有自己制造商的名称，使得前往药店自行购药的消费者认为“阿司匹林”是一种药物名称。拜耳公司意识到这一点后，开始在药品上标注自己的名称，用语是“拜耳——阿司匹林药片”，显然也将“阿司匹林”作为药物名称使用。因此，法院判决，被告在向制药商和医生销售“乙酰基水杨酸”时，不能在任何包装标签和商业文件中使用“阿司匹林”，但在直接向消费者销售时可以使用“阿司匹林”。被告在向药店药剂师销售时，如果每瓶药片的数量不超过50片，则可以在药品上标注“阿司匹林”，但必须同时注明这是由被告制药公司制造的“乙酰基水杨酸”。这是因为对于少于50片一瓶的药物而言，一般直接向消费者销售，由药店药剂师转售给医生的可能性不大，因此需要尊重消费者的认知习惯。

请思考：在“阿司匹林”商标案中，美国法院的法官根据购买者的身份进行区分，从而决定被告可否被允许使用“阿司匹林”的名称。换言之，本案的主审法官认为“阿司匹林”的显著性对于制药商、医生、药店的药剂师而言，并未发生退化；但在消费者心目中已经退化了。你认为这种区分方式合理吗？你的理由是什么？

对国家知识产权局商标局撤销注册商标的决定，当事人不服的，可以自收到通知之日起**15日内**向国家知识产权局商标局申请复审，国家知识产权局商标局应当自收到申请之日起**9个月内**做出决定，并书面通知申请人。有特殊情况需要延长的，经上级主管部门批准，可以**延长3个月**。当事人对国家知识产权局商标局的决定不服的，可以自收到通知之日起**30日**内向北京市知识产权法院提起诉讼。

三、注册商标的无效

由于申请人或商标注册机关等多方面的原因，可能导致部分不具备注册条件的商标被允许合法注册。注册商标的无效是弥补商标注册工作失误的一种重要制度。无效宣告程序与注册商标的撤销程序均可能导致商标注册人不再享有商标权的结果，但前者通常是导致被撤销的商标权**自始无效**，后者是导致被撤销的注册商标**从撤销之日起丧失商标权**。

（一）不当注册引起的商标无效

商标使用了禁用标志，这种无效可以由国家知识产权局商标局来主动宣告，也可以由其他单位或者个人请求国家知识产权局商标局来宣告，并且无时间限制，什么时候发现就什么时候宣告无效，这一类宣告无效都是因为违反了禁用标志相关规定或有欺诈行为，具体包括：

（1）我国《商标法》第 10 条规定的 9 种注册商标禁用标志，主要涉及因维护我国国家尊严和尊重他国及国际组织而禁用的标志和具有不良影响而被禁用的标志。

（2）我国《商标法》第 11 条规定的 3 种注册商标禁用标志，主要涉及因获得注册的标志缺乏显著性特征的情形。

（3）我国《商标法》第 12 条规定的禁用的三维标志，主要涉及因商品自身的性质产生的形状、为获得技术效果而需有的商品形状或者使商品具有实质性价值的形状获得商标注册的情形。

（4）我国**《商标法》第 4 条规定的不以使用为目的的恶意商标注册。**2019 年我国第四次修订《商标法》之前，我国《商标法》中缺乏规制恶意申请、囤积注册等行为的条款。由于现有法律无法规制恶意抢注商标的情形，司法实践中法院往往需要对“不得损害被代理（表）人的利益”条款中的“代理人”“代表人”等主体进行扩大解释。2019 年我国第四次修正《商标法》，针对恶意注册商标的行为进行了一系列规定，对于不以使用为目的的恶意注册申请，不予注册。已经获得注册的，由国家知识产权局商标局宣告该注册商标无效；其他单位或者个人可以请求国家知识产权局商标局宣告该注册商标无效。

提醒注意：

以注册不当为理由宣告注册商标无效的决定或者裁定，对已经履行的商标转让或者使用许可合同，不具有追溯力。

（5）商标在注册过程中采用了欺骗或其他不当手段。这是指商标注册人在申请注册商标的时候，采取了向商标行政主管机关虚构或者隐瞒事实真相、提交伪造的申请书件或者其他证明文件，以骗取商标注册的行为。包括但不限于下列情形：1）伪造申请书、文件签章的行为；2）伪造、涂改申请人的主体资格证明文件的行为，包括使用虚假的身份证、营业执照等主体资格证明文件，或者涂改身份证、营业执照等主体资格证明文件上的重要登记事项等行为；3）伪造其他证明文件的行为。

（二）侵犯他人权益引起的商标无效

这种宣告无效须在 **5 年内**由利害关系人向国家知识产权局商标局提出，对恶意注册的，驰名商标所有人不受 5 年的时间限制。

1. 抢注驰名商标的情形

我国《商标法》第13条第2款、第3款规定："就相同或者类似商品申请注册的商标是复制、摹仿或者翻译他人未在中国注册的驰名商标，容易导致混淆的，不予注册并禁止使用。就不相同或者不相类似商品申请注册的商标是复制、摹仿或者翻译他人已经在中国注册的驰名商标，误导公众，致使该驰名商标注册人的利益可能受到损害的，不予注册并禁止使用。"

2. 代理人侵犯被代理（表）人权利

我国《商标法》第15条第1款规定："未经授权，代理人或者代表人以自己的名义将被代理人或者被代表人的商标进行注册，被代理人或者被代表人提出异议的，不予注册并禁止使用。"

3. 有合同、业务往来等关系而抢注

我国《商标法》第15条第2款规定："就同一种商品或者类似商品申请注册的商标与他人**在先使用**的未注册商标相同或者近似，申请人与该他人具有前款规定以外的合同、业务往来关系或者其他关系而明知该他人商标存在，该他人提出异议的，不予注册。"

4. 误导公众的地理标志

我国《商标法》第16条第1款规定："商标中有商品的地理标志，而该商品并非来源于该标志所标示的地区，误导公众的，不予注册并禁止使用；**但是，已经善意取得注册的继续有效**。"

5. 侵害他人在先权利或有影响的未注册商标

我国《商标法》第32条规定："申请商标注册不得损害他人现有的在先权利，也不得以不正当手段抢先注册他人已经使用并有一定影响的商标。"

6. 先申请原则

我国《商标法》第31条规定："两个或者两个以上的商标注册申请人，在同一种商品或者类似商品上，以相同或者近似的商标申请注册的，初步审定并公告申请在先的商标；同一天申请的，初步审定并公告使用在先的商标，驳回其他人的申请，不予公告。"

7. 禁止与他人商标相似

我国《商标法》第30条规定："申请注册的商标，凡不符合本法有关规定或者同他人在同一种商品或者类似商品上已经注册的或者初步审定的商标相同或者近似的，由商标局（国家知识产权局商标局）驳回申请，不予公告。"

（三）商标无效宣告的程序

根据提起无效宣告的理由不同，注册商标无效宣告可以分作两类。

1. 因为侵犯他人在先权利所引起的无效宣告

依照我国现行《商标法》，**在先权利人或者利害关系人**可以直接向国家知识产权局商标局提出无效宣告请求。如果申请人提出的理由成立，国家知识产权局商标局将宣告该注册商标无效。需要注意的是，对于这类争议各国在法律上通常都规定了一个争议期。多数国家规定为 3 年或者 5 年。我国《商标法》规定了**从注册之日起算的 5 年的期限**，但对恶意注册他人驰名商标的不受此期限的限制。当事人对国家知识产权局商标局的决定不服的，可以自收到通知之日起 30 日内向北京知识产权法院以国家知识产权局为被告提起行政诉讼。

2. 因为商标注册不当而引起的无效的情形

此类情形是指由于商标注册违反了注册商标依法所要求的禁止性规范。所谓违反商标注册的禁止性规范，主要是指商标不具备显著性、违反公序良俗或善良风尚等。例如我国《商标法》规定不得将公众知晓的外国地名作为商标注册，不得将国旗、国徽、军旗、勋章、国际组织的旗帜及徽章等作为商标注册等。

对于第二类商标无效宣告，我国商标法上没有规定期限。换言之，对于这类商标争议可以**不受时间限制**，任何时候都可以提出商标争议。需要指出的是，对于这类商标的争议，由于其违反了商标法禁止性规范或者采取了非法手段，故其行为危害了正常的市场秩序。所以法律规定国家知识产权局商标局在发现这些情况后可以主动作出宣告注册商标无效的决定。**任何其他人**若发现注册商标有违反公共秩序或善良风俗的，或者注册商标不具有显著性的情形，可直接向国家知识产权局商标局提出无效宣告请求。当事人对国家知识产权局商标局的决定不服的，可以自收到通知之日起 30 日内向北京知识产权法院以国家知识产权局为被告提起行政诉讼。

应当指出的是，无论国家知识产权局商标局主动还是依申请而作出有关注册商标无效的决定或者裁定后，该裁定或者决定对在注册商标被宣告无效前人民法院作出并已执行的商标侵权案件的判决、裁定，国家知识产权局作出并已执行的商标侵权案件的处理决定，以及已经履行的商标转让或者使用许可合同，不具有追溯力；但是，如果是因原商标注册人恶意给他人造成的损失，则仍然应当给予赔偿。

延伸阅读 《商标法》对于商标权的消灭的规定

第十条 下列标志不得作为商标使用：

（一）同中华人民共和国的国家名称、国旗、国徽、国歌、军旗、军徽、军歌、勋章等相同或者近似的，以及同中央国家机关的名称、标志、所在地特定地点的名称或者标志性建筑物的名称、图形相同的；

（二）同外国的国家名称、国旗、国徽、军旗等相同或者近似的，但经该国政府同意的除外；

（三）同政府间国际组织的名称、旗帜、徽记等相同或者近似的，但经该组织同意或者不易误导公众的除外；

（四）与表明实施控制、予以保证的官方标志、检验印记相同或者近似的，但经授权的除外；

（五）同“红十字”“红新月”的名称、标志相同或者近似的；

（六）带有民族歧视性的；

（七）带有欺骗性，容易使公众对商品的质量等特点或者产地产生误认的；

（八）有害于社会主义道德风尚或者有其他不良影响的。

县级以上行政区划的地名或者公众知晓的外国地名，不得作为商标。但是，地名具有其他含义或者作为集体商标、证明商标组成部分的除外；已经注册的使用地名的商标继续有效。

第十一条　下列标志不得作为商标注册：

（一）仅有本商品的通用名称、图形、型号的；

（二）仅直接表示商品的质量、主要原料、功能、用途、重量、数量及其他特点的；

（三）其他缺乏显著特征的。

前款所列标志经过使用取得显著特征，并便于识别的，可以作为商标注册。

第十二条　以三维标志申请注册商标的，仅由商品自身的性质产生的形状、为获得技术效果而需有的商品形状或者使商品具有实质性价值的形状，不得注册。

第二节　驰名商标及其保护

学材导语

大家应该经常在广告中看到“驰名商标”的说法，那么什么是驰名商标？驰名商标和普通的商标有什么不同？如何保护驰名商标？本节我们就来学习相关内容。

一、驰名商标的概念及分类

（一）驰名商标的概念

《巴黎公约》于1925年修订的海牙文本首先在国际公约中作出了保护驰名商标的规定。TRIPs协议也规定了对驰名商标的保护，但相关国际公约并未对驰名商标的概念给出一个严谨的定义。在许多国家的立法中都承认这个概念，并在执法活动中加以贯彻，即在执法中对驰名商标给予比普通商标更为严格的高水平的保护。

根据我国《商标法》的规定可知，驰名商标，是指在一定地域范围内具有**较高知名度**并为相关公众知晓的商标。驰名商标具有巨大的商业价值，是不法经营者假冒或仿冒的重点对象，因而商标法对驰名商标规定了特殊的保护措施。据此，应当承认，驰名商标最为重要的特征，即较高的知名度。

（二）驰名商标的分类

驰名商标依据是否为注册商标，可分为**注册的驰名商标**和**未注册的驰名商标**。《巴黎公约》对驰名商标保护的重要特点之一是不以注册为前提条件。《巴黎公约》第六条之二专门就驰名商标的保护作了规定。根据我国《商标法》第 45 条的规定，未注册的驰名商标如果被他人在先注册，该商标持有人在**5 年之内**可以请求商标评审委员会宣告该注册商标无效；如果该在先注册是恶意的，驰名商标持有人提出无效宣告请求的时间不受 5 年期限的限制。

二、驰名商标的认定

驰名商标的认定包括驰名商标认定的标准和认定方式。

（一）驰名商标认定的标准

驰名商标的认定标准，决定着一国驰名商标的保护范围。各国法律对驰名商标的认定标准不尽相同。世界知识产权组织于 1999 年颁布《关于保护驰名商标保护规定的联合建议》，试图统一驰名商标的认定标准，但未取得成功。1996 年我国的《驰名商标认定和管理暂行规定》（以下简称《暂行规定》），对驰名商标认定的标准作了规定。《暂行规定》对驰名商标认定标准的规定与世界各国认定驰名商标的标准大体上是一致的，但**仅承认注册了的驰名商标**。2001 年修正后的《商标法》增加了驰名商标保护的规定，不仅对注册驰名商标，也对**未注册驰名商标提供保护**。

2001 年修正后的《商标法》第 14 条规定了驰名商标的认定条件，认定驰名商标应当考虑下列因素：（1）相关公众对该商标的**知晓程度**；（2）该商标使用的**持续时间**；（3）该商标的任何宣传工作的**持续时间、程度和地理范围**；（4）该商标作为驰名商标**受保护的记录**；（5）该商标驰名的其他因素。

提醒注意：

这里的“相关公众”是指与商标所标识的某类商品或者服务有关的消费者和与前述商品或服务的营销者有密切关系的其他经营者。

2003 年，国家工商行政管理总局发布了《驰名商标认定和保护规定》（《暂行规定》同时废止），进一步细化了《商标法》中关于驰名商标认定条件的规定。2013 年第三次修正、2019 年第四次修正后的《商标法》沿用了 2001 年《商标法》中关于驰名商标认定条件的规定。

（二）驰名商标的认定方式

驰名商标的认定可以由**特定的行政机关**认定，也可以由最高人民法院指定的**人**

民法院在审理案件时进行认定。国家知识产权局商标局可以主动或依申请、依法在处理相关纠纷时认定驰名商标。驰名商标的认定以**被动认定和个案认定**为原则。被动认定是指只能基于纠纷当事人的申请才能认定驰名商标，法院、国家知识产权局商标局均不得主动依职权认定。个案认定是指只能在发生纠纷的个案中，商标是否驰名对争议的解决具有直接意义时才能依照法律标准进行审查认定。人民法院在审理商标纠纷案件中，根据当事人的请求和案件的具体情况，可以对涉及的注册商标是否驰名依法作出认定。当事人对曾经被行政机关或者人民法院认定的驰名商标请求保护的，对方当事人对涉及的商标驰名不持异议，人民法院不再审查；提出异议的，人民法院依照我国《商标法》第 14 条的规定审查。

三、驰名商标的特殊保护措施

（一）对未注册的驰名商标予以保护

我国对未注册驰名商标的保护经历了一个从无到有、到较为完善的过程。如前所述，1996 年的《暂行规定》将驰名商标定义为“市场上享有较高声誉并为相关公众所熟知的注册商标”，即驰名商标**必须首先是注册商标**，未经注册的商标不能认定为驰名商标，2001 年《商标法》引入了驰名商标的概念，**并没有将驰名商标的保护限于注册商标**，而是规定，“就相同或者类似商品申请注册的商标是复制、摹仿或者翻译他人未在中国注册的驰名商标，容易导致混淆的，不予注册并禁止使用”。目前，尽管我国《商标法》仍采用注册原则和先申请原则，未注册的商标不能得到与注册商标相同的法律保护，但是对驰名商标的保护不以注册为前提条件。**未注册的驰名商标所有人不仅可以请求商标局驳回将与其商标相同或者近似的商标使用于相同或类似商品上的申请，也可以请求对于已经注册的、与其商标相同或者近似的商标使用于相同或类似商品上的商标宣告无效。**

（二）扩大驰名商标的保护范围

商标的保护范围，即商标所有人享有禁止权的范围。一般注册商标的保护范围，限定在与注册商标所核定使用商品相同或类似的商品上使用的和注册商标相同或近似的商标。但是为了有效地保护驰名商标，许多国家的商标法对驰名商标的保护范围要大于对一般注册商标的保护范围，即不仅在相同或类似的商品上禁止他人使用与驰名商标相同或近似的商标，而且在不同类别、性质亦不相似的商品上也不允许使用与驰名商标相同或近似的商标，若以此种商标申请注册则不予核准。不仅如此，一些国家的商标法还规定，驰名商标所有人有权请求制止他人将与自己的商标相同或近似的文字作为企业名称或企业名称的一部分使用。

现行《商标法》进一步扩大了对驰名商标的保护：对未注册驰名商标，禁止对其进行复制、摹仿或者翻译后在相同或者类似商品或服务上申请注册和使用；对已经注册驰名商标，不仅禁止对其进行复制、摹仿或者翻译后在相同或相类似商品或

者服务上申请注册和使用，还禁止对其进行复制、摹仿或者翻译后在不相同或不相类似商品或者服务上申请注册和使用。

复制、摹仿或者翻译他人未在中国注册的驰名商标或者主要部分，在相同或类似商品上使用，容易导致混淆的，应当承担停止侵害的民事法律责任，申请注册的，不予注册并禁止使用。未注册驰名商标的持有人毕竟没有获得商标权，因而不能依据《商标法》享有损害赔偿请求权。

就不相同或者不相类似商品申请注册的商标是复制、摹仿或者翻译他人已经在中国注册的驰名商标，误导公众，致使该驰名商标注册人的利益可能受到损害的，不予注册并禁止使用。

（三）对已经注册的驰名商标防止其淡化

最高人民法院《关于审理涉及驰名商标保护的民事纠纷案件应用法律若干问题的解释》第 9 条第 2 款规定："足以使相关公众认为被诉商标与驰名商标具有相当程度的联系，而减弱驰名商标的显著性、贬损驰名商标的市场声誉，或者不正当利用驰名商标的市场声誉的，属于商标法第十三条第二款规定的'误导公众，致使该驰名商标注册人的利益可能受到损害'。"这一司法解释扩大了"误导公众"的字面含义，从而使不可能导致相关公众混淆的弱化（减弱驰名商标的显著性）和丑化（贬损驰名商标的市场声誉）的行为也被视作"误导公众"的范围，这项规定实际上是以司法解释的方式引入了用于保护驰名商标的"淡化理论"。在司法实践中法院也认定"淡化行为"构成侵权，比如将在打火机上注册的驰名商标 Zippo 用于电热暖气上时，由于电热暖气与打火机的目的功能相差很大，公众不会认为 Zippo 牌电热暖气与 Zippo 牌打火机的制造商存在联系。但将"Zippo"用于电热暖气的行为削弱了驰名商标识别商品或者服务来源的能力，属于"淡化行为"。

许多驰名商标经过长期宣传使用已经深入人心，其商标的文字或图形的细节已经为相关公众所熟知。此时，未经许可在同类商品或服务上使用与该驰名商标在客观上相近似的商标，不可能使消费者发生混淆。但是，考虑到这种行为会削弱驰名商标识别其商品或服务来源的能力，并且会不正当地利用驰名商标的市场声誉，因此仍然属于受禁止的行为范围。

（四）针对恶意注册行为的救济不受期限限制

根据我国《商标法》第 45 条的规定，驰名商标所有人对于他人恶意注册自己驰名商标的行为，请求国家知识产权局商标局宣告该注册商标无效不受 5 年争议期限的限制。该条规定表明了驰名商标凝集了较高的商誉，应当受到比普通商标更强的保护，恶意抢注人是无法依靠争议期限的限制而将他人的驰名商标据为己有的。

驰名商标的保护是此部分的重点内容，必须准确掌握，请通过下面的【练一练】来检验一下自己的学习效果吧！

练一练

（多项选择题）根据所学内容，下列说法中哪些是正确的？（ ）

A. 我国现行《商标法》不承认对未注册驰名商标的保护

B. 我国现行《商标法》对注册驰名商标和未注册驰名商标采用相同的保护标准

C. 我国对驰名商标的保护范围经历从注册驰名商标的保护到不限于注册驰名商标的保护

D. 我国对驰名商标的认定包括被动认定和个案认定

解析：我国对驰名商标的保护，从开始只限于注册的驰名商标，到后来不限于注册的驰名商标，这一变化说明，我国现行《商标法》是承认对未注册驰名商标的保护的，故A项错误，C项正确。我国现行《商标法》对注册驰名商标和未注册驰名商标采用的保护标准不完全一致，对于注册的驰名商标，还禁止对其进行复制、摹仿或者翻译后在不相同或不相类似商品或者服务上申请注册和使用，故B项错误。我国对驰名商标的认定包括被动认定和个案认定，故D项正确。本题正确答案为CD。

四、驰名商标的宣传

驰名商标认定的法律意义仅限于处理特定的纠纷，让在特定纠纷中的相关当事人依法获得特殊保护措施或待遇。驰名商标不是授予商标权人或持有人或其产品或者服务的荣誉称号，我国《商标法》第14条第5款明确规定："生产、经营者不得将'驰名商标'字样**用于商品、商品包装或者容器上，或者用于广告宣传、展览以及其他商业活动中**。"违反该规定的，由地方行政管理部门责令改正，处10万元罚款。

延伸阅读 《巴黎公约》与我国《商标法》对驰名商标的规定

《巴黎公约》第六条之二〔商标：驰名商标〕

（1）本联盟各国承诺，如该国法律允许，应依职权，或依有关当事人的请求，对商标注册或使用国主管机关认为在该国已经属于有权享受本公约利益的人所有而驰名，并且用于相同或类似商品的商标构成复制、仿制或翻译，易于产生混淆的商标，拒绝或取消注册，并禁止使用。这些规定，在商标的主要部分构成对上述驰名商标的复制或仿制，易于产生混淆时，也应运用。

（2）自注册之日起至少五年的期间内，应允许提出取消这种商标的请求。本联盟各国可以规定一个期间，在这期间内必须提出禁止使用的请求。

（3）对于依恶意取得注册或使用的商标提出取消注册或禁止使用的请求，不应规定时间限制。

《商标法》第十三条

为相关公众所熟知的商标，持有人认为其权利受到侵害时，可以依照本法规定请求驰名商标保护。

就相同或者类似商品申请注册的商标是复制、摹仿或者翻译他人未在中国注册的驰名商标，容易导致混淆的，不予注册并禁止使用。

就不相同或者不相类似商品申请注册的商标是复制、摹仿或者翻译他人已经在中国注册的驰名商标，误导公众，致使该驰名商标注册人的利益可能受到损害的，不予注册并禁止使用。

第三节　不正当竞争行为

学材导语

在日常的市场经营活动中，竞争行为无处不在，那么，哪些行为是正当竞争，哪些行为是不正当竞争呢？本节我们就来学习不正当竞争行为的相关内容。在学习相关内容之前，我们先来思考以下案例。

案例索引

甲公司是一家制造、销售优选锯产品的公司，其享有“边测量边锯切”的技术秘密。李某、周某等人从甲公司离职后成立了乙公司，并利用甲公司的技术秘密制造、销售优选锯产品。丙公司使用了乙公司生产销售的该优选锯产品。甲、乙公司发生纠纷后，在该案二审中，最高人民法院组织各方当事人进行现场勘验并进行技术比对。根据勘验结果，被诉侵权产品的锯切方式和结果遵循了涉案技术秘密的工艺流程，并且实现了涉案技术秘密的技术效果。最高人民法院判乙公司停止侵权，赔偿甲公司经济损失及合理开支600万元。

请思考：当事人的上述行为构成何种不正当竞争行为？

一、不正当竞争概述

（一）不正当竞争行为的概念与特征

根据我国《反不正当竞争法》第2条的规定，不正当竞争行为是指经营者违反反不正当竞争法的规定，损害其他经营者的合法权益，扰乱社会经济秩序的行为。

具体来讲，不正当竞争行为具有如下特征：

（1）不正当竞争行为的主体是**从事商品经营和营利性服务的法人、其他经济组织**

和个人，即经营者。但现实中，非经营者参与不正当竞争的情况也是大量存在的。

（2）不正当竞争行为所侵犯的客体是其他经营者和消费者的合法权益与社会的经济秩序。反不正当竞争法虽然规定了“保护经营者和消费者的合法权益”，但由于法律又明文规定了不正当竞争行为只发生在“经营者”之间，因此虽然法律的宗旨规定了要保护消费者的利益，却没有在具体条文中予以落实。

（3）不正当竞争行为的主体在主观上要有过错，而且这种过错是出于故意，即明知或者应当知道自己的行为违反法律和商业道德而实施。

（4）不正当竞争行为是客观上实施了违反自愿、平等、公平、诚实信用原则和公认的商业道德的竞争行为。

（二）不正当竞争行为的种类

不正当竞争行为具有不确定性的特点，这是与《反不正当竞争法》作为一种行为法的特点联系在一起的。由于不正当竞争行为的类型很多且具有不确定性，因此各国立法大都采用概括和列举相结合的办法。我国的立法也采用这种模式。根据我国立法，不正当竞争行为包括以下几种类型：

（1）假冒行为。它是指在市场交易中以假冒、模仿等引起市场混淆的竞争行为。这是最古老且极普遍的一种不正当竞争行为，这种竞争行为损害竞争对手，欺骗消费者，获取不正当竞争优势。一般包括假冒他人注册商标，仿冒知名商品特有的名称、包装和装潢，以及使用他人的企业名称或姓名等行为。

（2）滥用独占地位的行为。

（3）以不正当利益进行交易的行为。即竞争者通过秘密收买交易对方的雇员或代理人的方式，获取优于其竞争对手的竞争优势的商业贿赂行为。经营者不得采用财物或者其他手段进行贿赂以销售或者购买商品。在账外暗中给予对方单位或者个人回扣的，以行贿论处；对方单位或者个人在账外暗中收受回扣的，以受贿论处。

（4）虚假宣传行为。所谓虚假宣传行为是指经营者利用广告或者其他方法，对商品（包括服务）的质量、制作成分、性能、用途、生产者、有效期限、产地等作不真实的或者引人误解的宣传。

（5）侵犯商业秘密的行为。

（6）低于成本价的销售行为，又称低价倾销行为。这种行为是一种不正当的价格竞争行为，经营者以不合理的低价销售商品，以排挤竞争对手。这是一种阻碍或威胁竞争对手的生存和发展、严重危害市场竞争秩序的行为。但下列行为除外：销售鲜活商品，处理有效期限即将到期的商品或其他积压商品，季节性降价，因清偿债务、转让、歇业降价销售商品。

（7）不正当有奖销售行为。有奖销售是经营者常用的一种促销手段，对顾客具有很强的吸引力。有奖销售并非都是不正当竞争行为，只有违反法律规定的有奖销售才是不正当竞争行为，表现如下：

1）采用谎称有奖或者故意让内定人员中奖的欺骗方式进行有奖销售；

2）利用有奖销售的手段推销质次价高的商品；

3）抽奖式的有奖销售，最高奖的金额超过 5 000 元。

（8）**违法搭售行为**。所谓违法搭售，是指经营者利用其经济优势，违背交易相对人的意愿，在提供商品或者服务时，强迫交易相对人接受商品或者服务的行为。

（9）商业诽谤行为。

（10）串通招标投标行为。

延伸阅读 反不正当竞争法与知识产权法之间的关系

反不正当竞争法是调整经营者之间、经营者与消费者之间，因不正当行为而产生的社会关系的法律规范的总称。它是规范经营者的竞争行为，维护市场竞争秩序的基本法律。我国《反不正当竞争法》第 2 条第 1 款、第 2 款规定：“经营者在生产经营活动中，应当遵循自愿、平等、公平、诚信的原则，遵守法律和商业道德。本法所称的不正当竞争行为，是指经营者在生产经营活动中，违反本法规定，扰乱市场竞争秩序，损害其他经营者或者消费者的合法权益的行为。”可见反不正当竞争制度属于一种民事法律制度，民法基本原则对于判断不正当竞争行为具有指导意义。

反不正当竞争法与知识产权法有着十分密切的关系。有学者曾生动地描述，“知识产权的三项传统法律——专利法、商标法和著作权法好比是浮在海面上的三座冰山，反不正当竞争法则是托着这三座冰山的海水”。反不正当竞争法与知识产权法的紧密联系表现在：首先，从制止不正当竞争的目的来看，知识产权法属于广义的反不正当竞争法的范畴；其次，从调整范围来看，反不正当竞争法与知识产权法对某些行为共同予以规范，即法条竞合，比如仿冒他人商品的包装的行为可能同时受到反不正当竞争法与商标法的规制；最后，从保护知识产权的作用来看，反不正当竞争法又是知识产权法的重要组成部分，对知识产权制度起着重要的补充作用。

与此同时，反不正当竞争法与知识产权法在立法目的、保护方式、保护重点上有所不同：首先，知识产权法以确立主体所享有的权利方式，保护权利人的知识产权在保护期内不受伤害；而反不正当竞争法则通过确认竞争行为的公平性、正当性以及对市场竞争秩序的影响，制止不正当竞争行为，维护经营者与消费者的利益，确保公平竞争的目的。

二、几种重要的不正当竞争行为

（一）假冒行为

假冒行为，是一类最古老、最普遍并且范围极广的不正当竞争行为，也称为“混淆行为”。《反不正当竞争法》第 6 条规定，经营者不得实施下列混淆行为，引人误认为是他人商品或者与他人存在特定联系：

（1）擅自使用与他人有一定影响的商品名称、包装、装潢等相同或者近似的标识。

如何认定该商品“有一定影响”呢？应当把握以下几点：1）商品在一定地域内具有知名度；2）商品为相关公众所熟悉；3）认定有一定影响的商品时，应当考虑商品的销售时间、销售区域、销售额和销售对象等因素进行综合判断。

（2）擅自使用他人有一定影响的企业名称（包括简称、字号等）、社会组织名称（包括简称等）、姓名（包括笔名、艺名、译名等）。

认定时应当把握：1）被仿冒的客体是他人的企业名称、社会组织名称或者姓名，包括法人或非法人组织的名称，以及个体工商户、个人合伙的名称（字号），也包括自然人的姓名。2）反不正当竞争法干预此类行为的基础在于，该行为可能引起市场混淆。3）行为人具有使用的故意。行为人使用他人企业名称、社会组织名称或者姓名，应当是明知是他人的企业名称、社会组织名称或者姓名，未经他人同意而使用。

（3）擅自使用他人有一定影响的域名主体部分、网站名称、网页等。

（二）侵犯商业秘密行为

1. 商业秘密的概念

根据《反不正当竞争法》第9条的规定，商业秘密是指**不为公众所知悉**、具有商业价值并经权利人采取保密措施的技术信息、经营信息等商业信息。其主要的法律特征具有**秘密性、实用性、价值性、保密性**。

2. 侵犯商业秘密的行为

（1）以**盗窃、贿赂、欺诈、胁迫、电子侵入或者其他不正当手段**获取商业秘密。禁止他人用不正当手段获取权利人商业秘密，法律规定获取本身违法，而不必等到公开、使用之时才违法。

（2）**披露、使用或者允许他人使用**以不正当手段获取的商业秘密。该规定是以行为人已经用不正当手段获取了他人商业秘密为前提的。如果行为人没有以不正当手段获取商业秘密的行为，即使有此处的“披露、使用或者允许他人使用商业秘密的行为”，也不构成侵犯商业秘密的行为。该规定中的“披露”，指行为人将商业秘密向他人公开。其中的“他人”包括**特定人和不特定的公众**。

（3）违反保密义务或者违反权利人有关保守商业秘密的要求，披露、使用或者允许他人使用其所掌握的商业秘密。该规定规范的对象虽然是以正当手段获得商业秘密的，但由于其权利人有明示或默示的保密义务，因而不得披露、使用或允许他人使用其所掌握的商业秘密。

（4）教唆、引诱、帮助他人违反保密义务或者违反权利人有关保守商业秘密的要求，获取、披露、使用或者允许他人使用权利人的商业秘密。

（5）经营者以外的其他自然人、法人和非法人组织实施前述违法行为，视为侵犯商业秘密。第三人明知或应知别人的行为属于侵犯他人商业秘密的行为，仍然获取、披露、使用或者允许他人使用该商业秘密的行为，同样属于法律规定的侵犯商业秘密的行为。

（三）商业诽谤行为

1. 商业诽谤行为的概念

商业诽谤行为，又称诋毁他人商誉，指从事市场生产经营活动的经济组织或个人，为了竞争的目的，针对**特定的同业竞争对象**，故意捏造虚假信息或歪曲事实，通过各种手段，公开以言论、文字、图形等形式，散布关于特定同业竞争者的生产、经营、服务、产品质量的谣言或虚假信息，公然贬低其商业信誉、服务或产品声誉，致使其无法正常参与市场交易活动，以削弱其市场竞争能力的行为。

2. 商业诽谤行为的特征

（1）实施本行为的主体是**从事市场交易活动**的组织或个人，包括法人、其他经济组织以及个体工商户等，而且与被诋毁的主体之间存在竞争关系。《反不正当竞争法》第 11 条明确要求被损害的对象是竞争对手的商业信誉、商品声誉，因此当事人之间必须具有竞争关系。

（2）商业诽谤行为的主观方面一般表现为**故意**，即以明知为条件，属明知故犯行为。但如果捏造人与散布人不是同一人时，散布人只要有过失也同样要承担责任。因此过失也可以构成散布虚假事实的商业诋毁行为。

（3）行为的客观方面表现为针对市场上的特定的竞争对象即**同业竞争者**，采用文字、言论等形式，通过各种渠道，故意捏造虚假事实。

（4）该行为所侵犯的客体是竞争对手的**商业信誉和产品声誉**。商业诋毁行为造成的损害表现为社会评价的减损。

3. 商业诽谤行为的表现方式

（1）利用散布公开信、召开新闻发布会、刊登对比性广告与声明性公告等形式，制造、散布贬损竞争对手商业信誉、商品声誉的**虚假事实**。特别需要注意的是，一方当事人采用的方式往往是“夸大一点、忽略其余”。

（2）在对外经营过程中，向客户或消费者**散布虚假事实**，以贬低竞争对手的商业信誉、诋毁其商品或服务的质量声誉。

（3）在出售的商品的包装说明上，对竞争对手的同类产品进行**诋毁**。

（4）组织人员，以顾客或消费者的名义，向有关经济监督管理部门作关于竞争对手产品质量低劣、服务质量差、侵害消费者权益等情况的**虚假投诉**，贬损其商业信誉。

（5）**唆使**他人在公众中造谣并传播、散布竞争对手所售的商品质量有问题等虚假事实，从而使公众对该产品失去信赖。

提醒注意：

记者在新闻媒体上刊登有损于经营者商业信誉的不实报道，当属于侵犯经营者名誉权的行为，不构成恶意诋毁、贬低竞争对手的商业信誉。因为记者与经营者没有竞争关系，不互为竞争对手，不能作为该行为的主体。当然，如果记者与经营者合谋时，应当承担共同责任。

第四节 商标侵权行为

学材导语

学习了商标权的内容以后，你可能会有疑问：生活中什么样的行为会侵犯别人的商标权呢？商标权被侵犯之后，该如何救济呢？回答这些问题就涉及商标权侵权行为。学完本节内容之后，你就会对上面的问题有了答案。

一、商标侵权行为

（一）商标侵权行为的构成要件

侵犯商标权的行为的界定是商标法中最为重要的问题之一。界定侵权行为必须了解其构成要件。侵犯商标权的行为作为侵权行为的一种，在我国现行法律框架下至少应当具备下面几个构成要件：

（1）被侵权人**确实拥有**受法律保护的商标权。这一要件包含了两层含义：首先，所述商标应当是法律保护的范围。其次，被侵权人确实拥有商标权。只有被侵权人确实拥有商标权，才可能被他人侵犯；否则，他人的行为或者根本不构成侵权，或者侵犯的是其他权利。

（2）侵权人存在**主观上的过错**。同大多数侵犯民事权利的行为一样，侵犯商标权的行为在归责时同样要求侵权人在主观上存在过错。

（3）侵权人对受法律保护的商标权实施了**侵害的行为**，并造成这种社会关系的破坏。

（4）因侵权人的侵权行为造成了被侵权人的损害，即侵权行为与损害结果之间有**因果关系**。

（二）商标侵权的重要判定方法——隔离判断

隔离判断，又称对商标的隔离观察比较，是判断商品是否侵权的重要方法。具体来说，就是将注册商标与被指控侵权的商标放置于不同的地方，在不同的时间进行观察比对，而不是将要比对的两个商品摆放在一起进行观察。一般来说，消费者寻找自己所要的商品，总是凭着以往头脑中对某种商品或者服务的广告宣传所遗留的商标印象，在市场中寻找某种品牌的商品或者服务。在事后的侵权判断中，利用消费者的此种思维模式采用隔离观察比对的方法，更能够真实地反映出被诉商标所造成的混淆的可能性和程度。将两个商标放在一起进行比对，不同于消费者在市场中实际购买交易的情况。有可能使法官更关注两个商标的不同点，不能准确地判断消费者实际消费中可能产生的混淆。因此，在判断是否侵犯注册商标专用权时，需要对是否在同一种商品或者类似商品上适用与其注册商标相同或者近似的商标进行认定。

根据我国最高人民法院《关于审理商标民事纠纷案件适用法律若干问题的解释》第10条的规定，人民法院依据我国《商标法》第52条[①]的规定认定商标相同或者相近按照以下原则进行：（1）以相关公众的一般注意力为标准；（2）既要进行对商标的整体比对，又要进行对商标主要部分的比对，比对应当在比对对象隔离的状态下分别进行；（3）判断商标是否近似，应当考虑请求保护注册商标的显著性和知名度。对商标相同或近似性进行隔离状态下的判断，有助于客观地认定商标是否相同或者近似。

二、商标侵权行为的表现

总结一下现行的商标法律、法规、司法解释可知，侵犯商标权行为的表现有以下几种：

（一）侵犯商标专用权

这是最为典型的侵犯商标权的行为。说的是，未经商标注册人的许可，在同一种商品或者类似商品上**使用与其注册商标相同或者近似的商标的行为**。商标权的核心是排斥他人以同样的方式使用可能造成混淆的商标。如果他人未经许可在同一种商品上使用相同的商标，无疑会造成消费者误导和混淆。从这种意义上讲，这种行为是最为严重的侵犯商标权的行为，现实中对于这种侵权行为的惩处力度也应当是最大的。

这里需要注意的是，在不同种类的商品上使用相同或者相近似的商标，在通常情况下，商标法并不禁止。因为商标权的效力一般仅及于同种或类似商品上的商标使用。《商标法》第56条规定："注册商标的专用权，以核准注册的商标和核定使用的商品为限。"在不类似的商品上使用相同或相似的商标，一般不侵犯商标权。但对于**驰名商标，其商标权的效力**可以延伸到不同种类的商品。

此类侵权行为的表现之一便是侵犯商标的使用，《商标法》第48条规定："本法所称商标的使用，是指将商标用于商品、商品包装或者容器以及商品交易文书上，或者将商标用于广告宣传、展览以及其他商业活动中，用于识别商品来源的行为。"但是并不是所有的商标使用都构成侵权，这里就存在**商标的合理使用问题**。我国商标的合理使用主要是两种情况：一种是对商标的**描述性使用**；另一种是对商标的**指示性使用**。前者是指虽然使用商标中的文字或图形，却并非用其指示商品或服务的特定来源，而是对商品或服务本身进行描述。《商标法》第59条第1款规

① 现行《商标法》第57条。

定："注册商标中含有的本商品的通用名称、图形、型号，或者直接表示商品的质量、主要原料、功能、用途、重量、数量及其他特点，或者含有的地名，注册商标专用权人无权禁止他人正当使用。"

（二）销售侵犯商标权的商品

销售侵犯注册商标专用权的商品的行为主要是销售冒牌商品，其目的通常是牟取暴利，而冒牌商品的销售则是实现这种非法利益的手段。销售者在其销售的商品上使用了相同或者相似的商标，如果该商品与商标权人使用的商品属于同种或类似并可能造成混淆，则销售者的行为理所当然地属于侵权行为，因为其销售的是侵权产品。

销售侵权商品是实践中最为常见，也是最为严重的侵犯商标权的行为。销售明知是假冒的注册商标的行为，甚至还可能构成刑事犯罪。但销售行为侵犯商标权的原因在于其损害了注册商标的基本功能，使消费者通过商标与商品建立了错乱的联系。因此如果销售行为与商标的识别功能无关，则并不构成侵犯商标权的行为（比如餐厅使用侵犯他人商标权的调料用于菜肴的制作）。

提醒注意：

只要实施了销售侵犯注册商标专用权的商品的行为，都构成侵权。但销售不知道是侵犯注册商标专用权的商品，能够证明该商品是自己合法取得并说明提供者的，不承担赔偿责任，但这并不意味着不构成侵权。

（三）伪造或制造商标标识

这是指**伪造、擅自制造**他人注册商标标识或者销售伪造、擅自制造的**注册商标标识**的行为。商标标识是商标的一种载体，其材料可以是金属，也可以是纸质或塑料等其他材料。只要能够印制商标图案或者塑造商标造型的材料都可以用来制作商标标识。在我国，伪造或者擅自制造注册商标标识，以及销售伪造、擅自制造的受法律保护的商标标识的行为均为侵犯商标权的行为。

（四）反向假冒

所谓"反向假冒"是指未经商标注册人同意，**更换**其注册商标并将该更换商标的商品**又投入**市场的行为。构成这种行为必须具备两个要件：一是行为人未经商标所有人同意而擅自更换商标；二是撤换商标的商品又投入市场进行销售。**注意：必须是又将商品投入市场，若不投入市场而是自己使用的，则不构成反向假冒行为。**一般常见的"商标假冒"现象都是不知名的经营者为了推广、销售自己的产品，未经许可在商品上使用与他人知名的商标完全相同或相近似的商标，使消费者误以为其商品是知名商标所有人的商品，即所谓的"搭便车"或"傍名牌"。而"反向假冒"则恰恰相反，实践中往往是知名商标的所有人将他人商品上的不知名商标撕下，贴上自己的知名商标进行出售，使消费者误以为该商品来自知名商标的所有人。

此类行为一方面导致消费者对商品的来源发生混淆，使其误以为商品来自知名商标的所有人；另一方面也损害了不知名商标所有人的利益。因为知名商标所有人之所以要撕去他人商标进行再加工，恰恰是因为不知名商标所有人的商品质量上乘且价格低廉。不知名商标所有人的优质商品却没有给自身的商标带来优质的商誉，显然是有悖于合理有序的市场规则和市场主体应遵循的诚实信用原则的。

案例索引

1979年北京服装一厂申请的“枫叶”商标经国家商标局核准注册，获得商标专用权，核定使用的范围为：大衣、夹克、西服、上衣。1993年，鳄鱼公司授权同益公司在北京贩卖鳄鱼牌（Crocodile Brand）皮鞋、皮带、皮夹等皮革制品和卡帝乐牌（Carteld Brand）男装、女装、童装服饰系列等。1994年，同益公司职员通过北京服装一厂所属经营部以每条188.03元的价格购买北京服装一厂生产的“枫叶”牌男西裤26条，随后将其中的25条男西裤的“枫叶”商标更换为“卡帝乐”商标，在百盛购物中心“鳄鱼专卖点”进行销售。同年4月28日，北京服装一厂在百盛购物中心鳄鱼专卖点以每条560元的价格购买已更换成“卡帝乐”商标的男西裤2条，百盛购物中心出具了销售发票。北京市西城区公证处对该购买行为进行了公证（公证书称所购西裤为“鳄鱼”牌，但经庭审勘验，实为“卡帝乐”牌）。北京服装一厂以被告百盛购物中心构成侵犯商业信誉、不正当竞争为由向法院起诉，后根据审理情况和当事人的申请将鳄鱼公司、开发促进会追加为共同被告。

上述案件是我国第一起涉及商标“反向假冒”的案件，产生了很大的影响，也引发了理论界和实务界对于“反向假冒”行为是否侵犯商标权的讨论。法院经审理后认为：同益公司是利用原告的优质产品为自身谋取利益，无偿地占有了原告为创立其商业信誉和通过正当竞争占有市场而付出的劳动。同益公司的行为违反了诚实信用、公平竞争的基本原则，妨碍原告商业信誉的建立，使原告的商业信誉受到一定程度的损害、正当竞争的权利受到一定程度的影响。因此同益公司的行为构成侵权，应承担相应的法律责任。

随后，在2001年我国第二次修正《商标法》时，将“反向假冒”行为界定为侵犯商标权的行为。我国《商标法》第57条第5项规定，未经商标注册人同意，更换其注册商标并将该更换商标的商品又投入市场的，属于侵犯注册商标专用权的行为。

（五）给他人的注册商标专用权造成其他损害的行为

根据我国《商标法实施条例》和最高人民法院《关于审理商标民事纠纷案件适

用法律若干问题的解释》规定，下列行为属于“给他人的注册商标专用权造成其他损害的”商标侵权行为：

1. 装潢侵犯商标

根据《商标法实施条例》第 76 条的规定，装潢侵犯商标是指在同一种或者类似商品上，将与他人注册商标相同或者近似的标志作为商品名称或者商品装潢使用，误导公众的行为。

2. 辅助侵权

根据《商标法实施条例》第 75 条的规定，辅助侵权是指故意为侵犯他人注册商标专用权行为**提供仓储、运输、邮寄、隐匿**等便利条件的行为。

3. 域名侵权

根据《关于审理商标民事纠纷案件适用法律若干问题的解释》第 1 条第 3 项的规定，域名侵权是指将与他人注册商标相同或者相近似的文字注册为域名，并且通过该域名进行相关商品交易的电子商务，容易使相关公众产生误认的行为。

案例索引

“SWAROVSKI”（施华洛世奇）是水晶饰品上的世界著名商标，为谋取高额利润，上海王星网络公司在网上注册了含有施华洛世奇公司注册商标“SWAROVSKI”字样的四个域名 chinaswarovski. com、chinaswarovski. cn、swarovskishop. cn、swarovski8. cn，并从淘宝网上以 46 元的低价购入假冒的施华洛世奇水晶，在这些域名所指向的购物网站上以 288 元的价格转手销售。于是，施华洛世奇公司将王星公司及其法定代表人王某诉至法院。

法院经审理认定：上海王星网络公司在注册域名时，显然应当知晓施华洛世奇公司的注册商标具有较高的市场知名度，但其仍为商业目的而使用上述域名、建立相应的网站，并从事网上经营活动，其目的明显在于利用施华洛世奇注册商标的知名度，引起相关消费者的混淆和误认，从而获取不正当的利益，构成对施华洛世奇公司注册商标专用权的侵犯。

4. 侵犯字号

根据《关于审理商标民事纠纷案件适用法律若干问题的解释》第 1 条第 1 项的规定，侵犯字号是指将与他人注册商标相同或者相近似的文字作为企业的字号在相同或者类似商品上突出使用，容易使相关公众产生误认的行为。

提醒注意：

我国《商标法》第 58 条规定：“将他人未注册商标、未注册的驰名商标作为企业名称中的字号使用，误导公众，构成不正当竞争行为的，依照《中华人民共和国反不正当竞争法》处理。”对比上文《关于审理商标民事纠纷案件适用法律若干问题的解释》中涉及"字号"的条款可知，将与他人注册商标相同或者相近似的文字作为企业的字号在相同或者类似商品上"突出使用"，容易使相关公众产生误认的，属于侵犯商标权的行为；若没有"突出使用"，即使误导了公众，相关公众也确实产生了误认，也不属于侵犯商标权的行为，而是不正当竞争行为。

（六）侵犯驰名商标的行为

1. 侵犯未注册驰名商标的行为

复制、摹仿、翻译他人未在中国注册的驰名商标或其主要部分，在相同或者类似商品上作为商标使用，容易导致混淆的，应当承担停止侵害的民事法律责任。

法律对侵犯未注册驰名商标的行为并没有规定赔偿损失的民事责任。在侵权发生后，可提起诉讼的主体包括商标所有权人和利害关系人，后者主要包括商标的使用权人和商标的合法继承人。不同的使用权人诉讼权利有所不同。独占实施许可的使用人可单独提起诉讼；排他实施许可的使用人，可与商标注册人共同提起诉讼，在注册人不起诉的情形下，自行起诉；普通实施许可的使用人，在经过注册人授权后方可提起诉讼。

2. 侵犯注册的驰名商标的行为

这是指复制、摹仿、翻译他人注册的驰名商标或其主要部分在不相同或者不相类似商品上作为商标使用，误导公众，致使驰名商标注册人的利益受到损害的。

在学习了商标侵权的构成要件以及哪些行为构成侵权行为之后，相信你对商标侵权已经有了深入的了解，请通过下面的【练一练】来检测一下自己的学习效果吧！

练一练

（单项选择题）甲公司在汽车产品上注册了"山叶"商标，乙公司未经许可在自己生产的小轿车上使用"山叶"商标。丙公司不知乙公司使用的商标不合法，与乙公司签订书面合同，以合理价格大量购买"山叶"小轿车后售出，获利100万元以上。下列哪一说法是正确的？（　　）

A. 乙公司的行为属于仿冒注册商标

B. 丙公司可继续销售"山叶"小轿车

C. 丙公司应赔偿甲公司损失100万元

D. 商标行政主管部门不能对丙公司进行罚款处罚

解析：在同一种商品上使用与其注册商标相同的商标为假冒，使用类似的商标为仿冒。本题中乙公司使用"山叶"商标为假冒注册商标行为，故A项错误。根据《商标法》第57条的规定，销售侵犯注册商标专用权的商品属侵犯注册商标专用权。根据第60条第2款的规定，销售不知道是侵犯注册商标专用权的商品，能证明该商品是自己合法取得并说明提供者的，由行政管理部门责令停止销售。因此，丙的行为构成侵权，但不需要赔偿，也不能继续销售，行政管理部门只是责令停止销售，没有罚款的问题，故D项正确，BC项错误。故本题正确答案为D。

三、商标侵权的法律责任

根据侵权行为后果的严重程度不同、处理侵权行为的机关不同，侵犯商标权的法律责任可以分作三类：

（一）民事责任

民事责任是作为民事权利之一的商标权在受到侵犯时，侵权人所应当承担的最起码的责任，同时也是**最基本的法律责任**。根据商标法和其他民事法律的规定，侵犯商标权至少应当承担**停止侵害、赔偿损失**等责任。停止侵害主要是针对那些正在发生的侵权行为。比如，停止侵权商品的销售、制造，停止假冒商标标识的销售和制造等。赔偿损失则是就侵权行为造成的后果而言的。

通常，侵权行为给商标权人造成了多大损失就应当予以多少赔偿。现实中损失额的确定往往比较困难，司法实践中还可采用以侵权期间侵权人所获利润等作为赔偿额度的参照。我国《商标法》第63条第1款规定："侵犯商标专用权的赔偿数额，按照权利人因被侵权所受到的实际损失确定；实际损失难以确定的，可以按照侵权人因侵权所获得的利益确定；权利人的损失或者侵权人获得的利益难以确定的，参照该商标许可使用费的倍数合理确定。对恶意侵犯商标专用权，情节严重的，可以在按照上述方法确定数额的**一倍以上五倍以下**确定赔偿数额。赔偿数额应当包括权利人为制止侵权行为所支付的合理开支。"尽管法律作了如此规定，但在现实中权利人要举出确凿证据证明实际损失额度，其负担仍然很重。为此，法院在权利人已经尽力举证，而与侵权行为相关的账簿、资料主要由侵权人掌握的情况下，为确定赔偿数额可以责令侵权人提供与侵权行为相关的账簿、资料；侵权人不提供或者提供虚假的账簿、资料的，法院可以参考权利人的主张和提供的证据判定赔偿数额。在上述方法均难以确定权利人因被侵权所受到的实际损失、侵权人因侵权所获得的利益以及注册商标许可使用费时，法院可根据侵权行为的情节判决给予**300万元以下**的赔偿。我国2013年第三次修正《商标法》中所规定的法定赔偿额是目前我国知识产权法中法定赔偿的最高限额；2019年第四次修正《商标法》规定的最高5倍的赔偿倍数是我国知识产权"惩罚性赔偿"的最高标准。

（二）行政责任

在我国，侵犯商标权的行政法律责任的主要表现形式有**罚款、收缴或销毁侵权物品**（包括侵权商品、工具和伪造的商标标识）、**责令停止侵权**（包括停止销售侵权物品、消除商品上的侵权商标等）。所有这些责任形式都是公法上的处罚，其目的在于维护正常的市场经济秩序，而不是私法上对权利人的补偿。

（三）刑事责任

对于**严重**的侵犯商标权的行为，根据我国刑法还可以处以刑事责任。我国《刑法》第 213 条、第 214 条和第 215 条分别规定了“假冒注册商标罪”“销售假冒注册商标的商品罪”“非法制造、销售非法制造的注册商标标识罪”。在同一种商品上使用与受保护的商标相同的商标，销售假冒注册商标的商品，或者伪造、擅自制造他人注册商标标识以及销售伪造、擅自制造的注册商标标识的行为，情节严重的，可以处以**有期徒刑、拘役，并处或单处罚金**。情节特别严重的，可以处 3 年以上 7 年以下有期徒刑，并处罚金。

第六章

专利法

第一节 专利制度概述

学材导语

本节内容为专利制度的概述，在学习完本节以后，你将明白专利权是什么、专利法规定了哪些内容、专利权的客体有哪些。

一、一般问题的概述

（一）专利权

专利权是权利人在履行法定手续并经国家知识产权局专利行政部门批准后，在法定期限内对特定发明创造享有的专有权利。具有以下法律特征：专利权具有鲜明的**独占性**、专利权的客体具有**公开性**、专利权具有**法定授权性**、专利权的效力具有**局限性**。

（二）专利法

专利法是指调整因确认发明创造的所有权和因发明创造的实施而产生的各种社会关系的法律规范的总称。专利法具有以下特征：专利法是国内法、专利法是特别法、专利法是实体法和程序法的统一、专利法随科技发展而不断完善。

（三）专利制度的基本特征

专利制度最为重要并能反映其本质属性的特征可以概括为两点：

1. 以法律的手段实现对技术实施的垄断专利权

这是一种独占实施专利技术的权利，是依照专利法具有一定垄断性的权利。但这种权利与垄断行为不同：垄断行为多是单纯为追逐名利；专利法虽然有垄断性质，但其终极目的是维护公共利益、促进技术进步和社会发展。此外，专利法所规定的垄断并不是对技术的全面垄断，而是仅仅限于对技术的营利性实施。专利法对于技术发展的利大于弊：一方面，专利制度并不限制技术信息的传播，通过专利公告程序鼓励技术信息的传播；另一方面，专利制度并不禁止新技术的研究开发，即使研究开发中需要实施专利技术。可以说，专利制度的“垄断”具有正当性，可以防止不正当竞争，如果社会对新技术的使用不加任何限制，市场主体跟随或模仿他人技术，那就会导致大量的不公平竞争的现象，从而破坏经济秩序。

2. 专利制度以书面的方式实现对技术信息、专利权利内容的公开

各国的专利法都要求申请专利的发明创造必须清楚完整地公开其申请专利的技术信息，否则该申请将因公开不充分而被驳回。从社会公共利益的角度看，将有关的技术细节公开是非常必要的，这可以在很大程度上避免社会财富的浪费。专利的公开性不仅表现在对技术信息的公开，还表现在对专利权内容的公开。在法律程序上，公开技术细节往往是通过专利说明书进行的，明确权利范围则是通过权利要求书来实现的。通过明确专利权的权利范围，可以告知公众哪些领域已属于他人专有领域，避免公众进行重复研究的行为，也避免公众侵犯他人的专利权。

（四）我国专利制度的发展

我国近代史上第一个专利法规是清朝光绪皇帝1898年颁布的《振兴工艺给奖章程》。1944年5月29日，国民党政府颁布了我国历史上第一部正式的专利法。

新中国成立后，1984年3月12日，第六届全国人民代表大会常务委员会第四次会议通过《专利法》，自1985年4月1日起施行。1992年9月4日，根据第七届全国人民代表大会常务委员会第二十七次会议《关于修改〈中华人民共和国专利法〉的决定》第一次修正。2000年8月25日，根据第九届全国人民代表大会常务委员会第十七次会议《关于修改〈中华人民共和国专利法〉的决定》第二次修正。2008年12月27日，根据第十一届全国人民代表大会常务委员会第六次会议《关于修改〈中华人民共和国专利法〉的决定》第三次修正。2020年10月17日，根据第十三届全国人民代表大会常务委员会第二十二次会议《关于修改〈中华人民共和国专利法〉的决定》第四次修正。

二、专利权的客体

（一）我国专利法规定的三类客体

我国专利法是一个综合性立法，包括**发明、实用新型、外观设计**三类客体。

1. 发明

发明是指人类在利用自然、改造自然的过程中所创造出来的具有积极意义并表现为技术形式的新的智力成果，即对产品、方法或者其改进所提出的新的技术方案。因此，发明最基本的分类是可分为**产品发明**和**方法发明**。

发明具有如下特征：

（1）发明应当包含创新，即与现有技术相比较是前所未有的，并有一定的进步或者难度。

（2）发明必须利用自然规律自然现象。违背自然规律的创造和自然规律本身都不是发明。

（3）发明必须是具体的技术性方案。发明必须能够实施，达到一定效果并且具有可重复性。

案例索引

1989年马某向我国专利局提交了一件名为“船舶的水动力装置”的发明专利申请，该发明申请的说明书进行了如下描述：这套机械装置的构成是将水轮发电机组装在船舶上，利用船舶前进时在船尾部所造成的水头，来推动水轮发电机组发电，再通过由此产生的电力，带动推进器推进船舶前进。该设计是希望用发电机产生的电力推动船舶前进，而发电机启动所需要的电能又来自船舶前进过程中产生的水头。实际上这一设计是要将船舶前进时产生的能量转化为电能来推动船舶不断前进，根据设计只要船舶一开动起来，就不再需要从外界输入任何能量，船舶就可以一直行进下去。

归根结底这一设计就是想让船舶自己推动自己不断前进，实际上就是一个永动机，它从根本上违反了能量守恒定律，未能正确运用自然规律，不是专利法意义上的发明，因此不可能获得专利权。专利局经过审查认为，这一发明违背了能量守恒的自然法则，因而驳回了申请，专利复审委员会（原负责专利复审的机关，现为国家知识产权局）和一审法院、二审法院均支持了这一决定。

请思考：为什么发明必须利用自然规律、自然现象？为什么违背自然规律的创造和自然规律本身都不是发明？

2. 实用新型

实用新型是指对产品的形状、构造或者其结合所提出的适于实用的新的技术方案。实用新型实质上也是技术发明，实用新型专利与发明专利一样都是保护技术方案的途径，但实用新型有其自身的特点：

（1）实用新型是具有一定的形状、构造或者其结合的产品，即实用新型只适用于产品不适用于方法。

（2）实用新型必须能够实用于工业上的应用。

（3）实用新型还必须是基于一定的技术思想创作产生，技术思想是实用新型专利的核心要素。

3. 外观设计

外观设计也称为“工业品外观设计”，是指对产品整体或者局部的形状、图案或者其结合以及色彩与形状、图案的结合所作出的富有**美感并适于工业应用**的新设计。外观设计与发明和实用新型有所不同，它的设计主要基于美学思想，而与技术无关。发明和实用新型都是利用自然规律来达到技术的效果，而外观设计则利用人们的追求美的心理来达到美感的效果。外观设计的基本特征包括：

（1）外观设计必须以产品为依托。

（2）外观设计以产品的形状、图案、色彩等为要素，以视觉美感为目的，而不去追求实用目的。

（3）外观设计必须适用于工业应用且可以通过工业手段大量复制。

从上述内容来看，实用新型仅指产品，并且其创造性比发明要低，因此实用新型俗称“小发明”。方法不能申请实用新型专利。另外，与发明相比，实用新型不需要经过实质审查。实用新型和外观设计的概念中都提到了产品的形状，其不同在于实用新型所涉及的形状是从产品的技术效果和功能的角度出发的；而外观设计所涉及的形状是从产品美感的角度出发的。

（二）我国专利法不予保护的对象

1. 违反国家法律

发明创造与国家法律相违背的，不能被授予专利权。比如用于赌博的设备、机器或工具；吸毒的器具；伪造国家货币、票据、公文、证件、印章、文物的设备等不能被授予专利。

发明创造并没有违反国家法律，但是由于其被滥用而违反国家法律的，则不属此列。比如用于医疗的各种毒药、麻醉品、镇静剂、兴奋剂和用于娱乐的棋牌等，这些都是可以被授予专利的。

违反国家法律的发明创造，不包括仅有其实施为国家法律所禁止的发明创造。其含义是，如果仅仅是发明创造的产品的生产、销售或使用受到国家法律的限制或约束，则该产品本身及其制造方法并不属于违反国家法律的发明创造。

例如，用于国防的各种武器的生产、销售及使用虽然受到国家法律的限制，但这些武器本身及其制造方法仍然属于可给予专利保护的客体。

2. 违反社会公德

发明创造与社会公德相违背的，不能被授予专利权。例如，带有暴力凶杀或者淫秽的图片或者照片的外观设计，克隆的人或克隆人的方法，人胚胎的工业或商业目的的应用，可能导致动物痛苦而对人或动物的医疗没有实质性益处的改变动物遗传同一性的方法等，上述发明创造违反社会公德，不能被授予专利权。

3. 妨害公共利益

妨害公共利益，是指发明创造的实施或使用会给公众或社会造成危害，或者会使国家和社会的正常秩序受到影响。

例如，发明创造以致人伤残或损害财物为手段的，如一种使盗窃者双目失明的防盗装置及方法，不能被授予专利权；发明创造的实施或使用会严重污染环境、严重浪费能源或资源、破坏生态平衡、危害公众健康的，不能被授予专利权；专利申请的文字或者图案涉及国家重大政治事件或宗教信仰、伤害人民感情或民族感情或者宣传封建迷信的，不能被授予专利权。

但是，如果发明创造因滥用而可能造成妨害公共利益的，或者发明创造在产生积极效果的同时存在某种缺点的，例如对人体有某种副作用的药品，则不能以“妨害公共利益”为理由拒绝授予专利权。

4. 违反法律、行政法规的规定获取或者利用遗传资源并依赖该遗传资源完成的发明创造

遗传资源，是指取自人体、动物、植物或者微生物等含有遗传功能单位并具有实际或者潜在价值的材料；发明创造的完成依赖于遗传资源，是指发明创造的完成利用了遗传资源的遗传功能。《生物多样性公约》于 1992 年 5 月 22 日在内罗毕讨论通过，我国已加入《生物多样性公约》。《生物多样性公约》第一次对生物多样性进行了全面阐述，第一次将遗传多样性保护纳入国际条约，其最重要处在于抛弃了“遗传资源是人类的共同财富”的提法，明确遗传资源提供国对其自然资源的主权，注意遗传资源提供国和遗传资源获取国之间的利益的平衡，因而最终获得了大多数国家的认同。

我国《种子法》《野生动物保护法》《人类遗传资源管理暂行办法》《人类遗传资源管理条例》都对我国遗传资源的主权原则有所规定。例如《人类遗传资源管理暂行办法》第 17 条规定：“我国境内的人类基因资源信息，包括重要遗传家系和特定地区基因资源及其数据、资料、样本等，我国研究开发机构享有专属持有权，未经许可，不得向其他单位转让。”

与上述公约、法律、法规相配套，我国现行《专利法》也规定，对违反法律、行政法规的规定获取或者利用遗传资源，并依赖该遗传资源完成的发明创造，不授予专利权。依赖遗传资源完成的发明创造，申请人应当在专利申请文件中说明该遗传资源的直接来源和原始来源；申请人无法说明原始来源的，应当陈述理由。

5. 科学发现

科学发现，是指对自然界中客观存在的物质、现象、变化过程及其特性和规律的揭示。科学理论是对自然界认识的总结，是更为广义的发现，它们都属于人们认识的延伸。这些被认识的物质、现象、过程、特性和规律不同于改造客观世界的技术方案，不是专利法意义上的发明创造，因此不能被授予专利权。

提醒注意：

发明和发现虽有本质不同，但两者关系密切。通常，很多发明是建立在发现的基础之上的，进而发明又促进了发现。发明与发现的这种密切关系在化学物质的“用途发明”上表现最为突出，当发现某种化学物质的特殊性质之后，利用这种性质的“用途发明”则应运而生。

6. 智力活动的规则和方法

智力活动的规则和方法内容非常广泛。比如审查专利申请的方法；比赛规则；演绎、推理和运筹的方法；字典的编排方法；专利分类法；日历的编排规则和方法；仪器和设备的操作说明；计算机的语言及计算规则；速算法或口诀；心理测验

方法；教学、授课、训练和驯兽的方法，等等，上述这些都属于智力活动的规则和方法而不能被授予专利权。

延伸阅读 计算机程序能否获得专利授权?

涉及计算机程序的专利申请能否获得授权？实践中各个国家对此问题都是有争议的，其中主要的原因在于计算机程序大多涉及数学上的“算法”，而“算法”作为**智力活动的规则和方法**是不受专利法保护的。但是随着计算机程序在现代科学技术发展中的作用日益突出，许多国家在对于涉及计算机程序的专利申请的态度上也发生了变化。比如美国法院在“道富银行案”中就认为：只要计算机程序通过一系列数学计算产生了实用的、可见的技术效果，就可以被授予专利权。那么我国对此的态度如何呢?

我国《专利审查指南》目前对涉及计算机程序的专利申请进行分类，并加以分别处理：第一类情形是如果仅利用计算机程序作为手段实现了某种数学计算方法和规则，则该计算机程序实际上是智力活动的规则和方法的一种表现，是不能被授予专利权的。例如某人编写了一套翻译程序，输入一段汉语言文字之后，该计算机程序可以按照预先设定的规则和方法对应地输出摩尔密码，那么该计算机程序本质上体现了不同信号之间的转换，属于智力活动的规则和方法，而不属于发明创造。第二类情形是如果计算机程序是一种正确利用自然规律的技术手段，并且能够解决具体的技术问题，那么该计算机程序属于技术方案本身或者技术方案的组成部分是可以获得专利权的。

7. 疾病的诊断和治疗方法

属于疾病的诊断和治疗方法而不能被授予专利权的例子有：血压测量法、诊脉法、足诊法、X光诊断法、超声诊断法、疾病治疗效果预测方法、基因筛查诊断法等。

以下情形并不属于诊断方法：

（1）直接目的不是获得诊断结果或健康状况，而只是从活的人体或动物体获取作为中间结果的信息的方法，或处理该信息（形体参数、生理参数或其他参数）的方法，例如测量血流变的方法。

（2）直接目的不是获得诊断结果或健康状况，而只是对已经脱离人体或动物体的组织、体液或排泄物进行处理或检测以获取作为中间结果的信息的方法，或处理该信息的方法。

特别的，用于实施疾病诊断和治疗方法的**仪器或装置**，以及在疾病诊断和治疗方法中使用的物质或材料属于可被授予专利权的客体。例如磁共振仪。

8. 动物和植物品种

我国对于动物和植物品种不授予专利权，但对于动物和植物品种的生产方法，可以授予专利权。这里所说的生产方法是指非生物学的方法，不包括生产动物和植物主要是生物学的方法。涉及微生物的发明。所谓微生物发明是指利用各种细菌、真菌、病毒等微生物去生产一种化学物质（如抗生素）或者分解一种物质等的发明。微生物和微生物方法可以获得专利保护。

植物新品种可申请植物新品种权的保护。虽然我国对植物新品种不给予专利权的保护，但另有《植物新品种保护条例》给予专门的保护，植物新品种权是广义的知识产权的一种。

9. 原子核变换方法及用原子核变换方法获得的物质

原子核变换方法以及用该方法所获得的物质关系到国家的经济、国防、科研和公共生活的重大利益，不宜为单位或私人垄断，因此不能被授予专利权。

10. 对平面印刷品的图案、色彩或者二者的结合作出的主要起标识作用的设计

对平面印刷品的图案、色彩或者二者的结合作出的主要起标识作用的设计，例如产品包装袋、瓶贴等，应该主要用商标法、反不正当竞争法等来保护，不应用专利法来保护。

11. 违反保密审查规定

任何单位或者个人将在中国完成的发明或者实用新型向外国申请专利的，应当事先报经**国务院专利行政部门**进行保密审查，对违反此规定向外国申请专利的发明或者实用新型，在中国申请专利的，不授予专利权。

提醒注意：

著作权法、专利权法和商标权法尽管内容迥异，但既然同属知识产权法，必定有其共同之处，若能跨越三部法而总结出其共性加以记忆，将会起到事半功倍的效果。

第二节　专利权的主体及权利归属

学材导语

在学完上一节的内容后，相信你已对专利权有了一定的认识。本节我们来学习专利权的主体有哪些、专利权归何人所有。

一、专利权的主体

专利权法律关系的主体指具体参加特定的专利权法律关系并享有专利权的人。此处的“人”包括自然人、法人和非法人组织。按照我国专利法的规定，**发明人和**

设计人、发明人和设计人所属单位、专利权的受让人、外国的单位和个人都可以成为专利权的主体。专利权可以为一个自然人或法人所有，也可以为两个或两个以上的自然人或法人所共有。

（一）发明人或设计人的确定

首先一个常识是，发明人是针对发明和实用新型来说的，设计人是针对外观设计来说的。发明人或者设计人，是指对发明创造的实质性特点作出创造性贡献的人。

发明人或设计人应当具备下列条件：

（1）发明人或设计人应当是在发明创造的过程中，从事主要工作的人。在完成发明创造过程中，只负责组织工作的人、为物质技术条件的利用提供方便的人或者从事其他辅助工作的人，不是发明人或者设计人。两个以上的人对同一发明创造共同构思，并且都作出了创造性贡献的，为共同发明人或者共同设计人，其发明创造称为共同发明。

（2）发明人或者设计人一定是自然人。发明创造行为是一种具有探索性的智力活动，需要进行创造性思维，因此这种行为具有一定的人身属性，只有具体的自然人才能从事这种行为，因此发明人、设计人只能是自然人。

（二）发明人的权利

1. 署名权

发明人或者设计人有在专利文件中写明自己是发明人或者设计人的权利。

2. 获奖权

被授予专利权的单位可以与发明人、设计人约定或者在其依法制定的规章制度中规定奖励、报酬的方式和数额。企业、事业单位给予发明人或者设计人的奖励、报酬，按照国家有关财务、会计制度的规定进行处理。被授予专利权的单位未与发明人、设计人约定，也未在其依法制定的规章制度中规定奖励的方式和数额的，应当自专利权公告之日起3个月内发给发明人或者设计人奖金。一项发明专利的奖金最低不少于3 000元；一项实用新型专利或者外观设计专利的奖金最低不少于1 000元。由于发明人或者设计人的建议被其所属单位采纳而完成的发明创造，被授予专利权的单位应当从优发给奖金。

3. 获酬权

被授予专利权的单位未与发明人、设计人约定，也未在其依法制定的规章制度中规定报酬的方式和数额的，在专利权有效期限内，实施发明创造专利后，每年应当从实施该项发明或者实用新型专利的营业利润中提取不低于2%或者从实施该项外观设计专利的营业利润中提取不低于2%，作为报酬给予发明人或者设计人，或者参照上述比例，给予发明人或者设计人一次性报酬；被授予专利权的单位许可其他单位或者个人实施其专利的，应当从收取的使用费中提取不低于10%，作为报酬给予发明人或者设计人。

（三）申请人

申请人是指就一项发明创造向专利局申请专利的人。通常情况下，各国专利法都承认发明人有权对其完成的发明创造申请权利，发明人与申请人通常应为一人。现实中也确实存在发明人与申请人不是同一人的情况，在一些国家这种不一致的情况占专利申请量的大多数。造成这种发明人与申请人分离化的原因主要有以下三个方面：一是发明人以外有其他人通过合同从发明人处取得了发明创造的专利申请权；二是发明人的继承人通过继承取得发明创造的专利申请权；三是法律直接将专利申请权赋予发明人以外的其他人。由此可见，专利申请人主要有以下几种类型：第一类是发明人；第二类是专利申请权的受让人；第三类是专利申请权的继承人；第四类是职务发明的雇佣工人依照法律的规定取得专利申请权。

二、委托发明的归属

委托开发完成的发明创造，除当事人另有约定的以外，申请专利的权利属于**研究开发人**。研究开发人取得专利权的，委托人可以**免费实施**该专利。研究开发人转让专利申请权的，委托人享有以**同等条件优先受让**的权利。

委托作品、委托发明与委托完成的技术秘密成果的归属有其共同点，即都是合同约定优先；在没有约定或者约定不明确的情况下，委托作品和委托发明是属于受托人，而委托技术秘密成果可说是属于委托人和受托人。进一步地，对委托作品，委托人在约定的使用范围内享有使用作品的权利；而对委托发明，委托人可以免费实施该专利，研究开发人转让专利申请权的，委托人享有以同等条件优先受让的权利（参见我国《民法典》第 859 条的相关规定①）。

三、职务发明创造的归属

执行本单位的任务或者主要是利用本单位的物质技术条件所完成的发明创造为职务发明创造。职务发明创造申请专利的权利属于该**单位**；申请被批准后，该单位为专利权人。

执行本单位的任务所完成的职务发明创造的要点：（1）在本职工作中作出的发明创造；（2）履行本单位交付的本职工作之外的任务所作出的发明创造；（3）退休、调离原单位后或者劳动、人事关系终止后 **1 年内**作出的，与其在原单位承担的本职工作或者原单位分配的任务有关的发明创造；（4）这里的单位，包括**临时工作单位**。

---

① 《民法典》第 859 条规定："委托开发完成的发明创造，除法律另有规定或者当事人另有约定外，申请专利的权利属于研究开发人。研究开发人取得专利权的，委托人可以依法实施该专利。研究开发人转让专利申请权的，委托人享有以同等条件优先受让的权利。"

职务发明中执行本单位的任务的情形可以简记为“本职＋本职之外＋离职后 1 年内相关”。

所谓“物质技术条件”，是指本单位的资金、设备、零部件、原材料或者不对外公开的技术资料等。职务发明创造包括两类：执行本单位的任务所完成的发明创造和主要是利用本单位的物质技术条件所完成的发明创造。

提醒注意：

若是执行本单位的任务而完成的发明创造，因为对本单位任务做了扩大性解释，所以，利用上班时间还是业余时间、是否利用了单位的物质技术条件，对于职务发明创造的认定毫无影响；同样的道理，只要是主要利用了单位的物质技术条件，是否属于执行单位任务，对于认定职务发明创造也毫无影响。

四、合作发明创造的归属

根据《民法典》第 860 条的规定，合作开发完成的发明创造，除当事人另有约定的以外，申请专利的权利属于**合作开发的当事人共有**。当事人一方转让其共有的专利申请权的，其他各方享有以同等条件优先受让的权利。合作开发的当事人一方声明放弃其共有的专利申请权的，可以由另一方单独申请或者由其他各方共同申请。申请人取得专利权的，放弃专利申请权的一方可以免费实施该专利。合作开发的当事人一方不同意申请专利的，另一方或者其他各方不得申请专利。

对比学习

合作作品与合作发明

在合作作品的情况，如果一方想发表而另外一方不想发表，法律规定是可以发表，这可以理解为著作权法鼓励文学、艺术、科学作品的传播。

而在合作发明的情况，在当今这个激烈竞争的年代，发明完成以后一定处于保密状态，这就意味着合作双方享有将发明成果作为商业秘密保护的权益。一方想申请专利而另一方不想申请的，如果允许申请专利就会侵犯另一方的切身利益，由此专利法规定，这种情况下一方不能擅自申请专利。法律不认为一方申请专利的利益就必然高于另一方的技术秘密的利益，所以规定另一方不得擅自申请专利。

通过上述内容的学习，你是否理解了各种情形下的专利权的归属呢？请通过下面的【练一练】来检验一下自己的学习效果吧！

练一练

（单项选择题）甲公司聘请乙专职从事汽车发动机节油技术开发。因乙的开发进度没有达到甲公司的要求，甲公司减少了给乙的开发经费。乙于 2017 年 3 月从甲公司辞职并到丙公司就职，获得了更高的薪酬和更多的开发经费。2018 年 1 月，乙成功开发了一种新型汽车节油装置技术。该技术专利申请权应归属于谁？（　　）

A. 甲公司　　B. 乙　　C. 丙公司　　D. 甲公司和丙公司共有

解析：根据《专利法实施细则》第 12 条第 1 款的规定，执行本单位的任务所完成的职务发明创造，是指退职、调离原单位后或者劳动、人事关系终止后 1 年内作出的，与其在原单位承担的本职工作或者原单位分配的任务有关的发明创造。乙从 2017 年 3 月辞职到丙公司，距离 2018 年 1 月开发出节油装置技术并未满 1 年。因此，乙的此项发明创造仍然是执行甲公司的任务所完成的职务发明创造，职务发明创造申请专利的权利属于甲公司。故本题正确答案为 A。

第三节　专利权的申请与内容

学材导语

掌握了专利权的归属后，你一定想知道如何申请专利，申请专利有哪些要求，这些都直接决定着申请者是否能获得专利权。专利权的申请是专利权的一项重要内容，具有一定难度，需要认真掌握。

一项发明创造要取得专利权，除必须满足专利法规定的内容要求，即符合其实质条件外，还必须按专利法规定提出申请，并符合对专利申请文件的格式要求，履行各种申请手续，这就是通常所说的授予专利的形式条件。

一、专利申请

（一）专利申请人的资格

专利申请人，指对某项发明创造依法律规定或者合同约定享有专利申请权的自然人、法人或者非法人组织。专利申请人必须具有**申请专利的资格**，即必须是有权申请专利的主体，如发明人或者设计人。

（二）专利申请的原则

1. 书面申请原则

书面申请原则是指申请人为获得专利权所需履行的各种法定手续都必须依法以**书面形式**办理。书面申请原则要求在专利申请过程中，各种申请文件必须采用书面形式。**所谓的申请文件，主要包括专利请求书、权利要求书、说明书及其摘要、附图、照片或图片及简要说明等。**根据我国相关法律的规定，电子文档是作为书面文档看待的。**书面申请原则实际上不仅适用于专利申请，而且适用于专利审查、专利代理以及专利实施等各种专利事务。**在专利审查中，审查员与申请人之间的联系通常要求采用书面形式。专利代理和专利实施也要求签订书面合同。

2. 先申请原则

现实生活中容易发生两个不同的人独立完成相同的发明创造，并且都向国务院专利行政部门提交了专利申请的情况。从世界各国的立法来看，对于这种情况采用两种不同的制度，即**先发明原则**和**先申请原则**（见表 6－1）。

表 6－1 先发明原则与先申请原则

	概念	采用的国家
先发明原则	当存在两个或两个以上的申请人就同一主题提出专利申请时，法律将根据**完成发明创造时间的先后**决定专利权的归属。	美国（2013 年以前）
先申请原则	两个以上的申请人分别就同样的发明创造申请专利的情况下，对**最先提出申请**的申请人授予专利权。	其他国家

先申请原则相较于先发明原则有一系列的优势。首先，先申请原则可以促使发明人在完成发明创造后尽早地申请专利，以便使公众尽早了解最近的技术信息，避免重复研究开发，节约社会资源；相比之下，先发明原则不利于发明创造的公开。其次，先申请原则在审查时只考察谁的申请在先，专利审查程序简便，成本费用相对低，效率高，方便专利权的确定；而采用先发明原则，申请人要耗费大量的人力、物力以证明自己是发明人，审查机关还需启动专门的抵触程序以判断谁是真正的发明人，运作方式非常不经济。最后，在先发明原则制度下，对于取得专利权的人来说，随时有人可以先发明人身份启动抵触程序，因而在一定时间内取得专利权人的权利状态未必稳定。就市场的角度而言，这会直接威胁到交易安全。目前，先申请原则为绝大多数国家所采用。

先申请的判断标准是**专利申请日**。两个以上申请人在同一日分别就同样的发明创造申请专利的，应当在收到国务院专利行政部门的通知后自行**协商确定**申请人。如果当事人要求了优先权的，则以优先权日为申请日。

通过上述讲解，你是否对专利申请的原则有了深刻的理解？请通过下面的【练一练】检验一下吧！

练一练

甲、乙均于2021年1月5日提出同样内容的专利申请。甲是上午提出的，而乙是下午提出的。在这种情况下谁可以获得专利申请权呢？

解析：我国对于专利申请的申请日的确定只考察日标准，而不考察时刻标准。因此该案应当属于甲、乙同日申请的情形。在此种情况下，首先应由甲、乙双方协商，如果协商不成的，则国务院专利行政部门应当驳回他们的专利申请。

3. 单一性原则

发明单一性原则，也称为一申请一发明原则，即一项申请只能要求保护**一项**发明创造或者与一个总的发明构思有联系的**一组**发明创造。实行一申请一发明原则，便于对专利申请进行分类、检索和审查。在专利权授予后，也便于专利权的转让和专利许可合同的签订。

我国的单一性原则允许申请人就属于一个总的构思或者有联系的技术方案提出专利申请。其中，属于一个总的发明构思的一组发明创造，可以作为一件申请提出，也可以分成几件申请提出。对于外观设计来说，同一产品两项以上的相似外观设计，或者用于同一类别并且成套出售或者使用的产品的两件以上的外观设计可以作为一件申请提出。一件外观设计专利申请中的相似外观设计不得超过**10**项。

（三）专利申请日与优先权原则

1. 专利申请日

发明和实用新型的申请日是指国务院专利行政部门**收到**发明或者实用新型专利申请的请求书、说明书（实用新型必须包括附图）和权利要求书的日期。如果申请文件是邮寄的，以**寄出的邮戳日**为申请日。信封上寄出的邮戳日不清晰的，除当事人能够提出证明外，以国务院专利行政部门**收到日**为递交日。专利申请人享有优先权的，以优先权日为申请日。

2. 优先权原则

优先权是指任何一个《巴黎公约》成员方国民向任何一个公约成员方就工业产权保护第一次提出正式申请后的一定期间内（专利和实用新型为12个月，商标与外观设计为6个月），再向其他成员方提出申请时，该成员方应当将该申请人的第一次申请日视为在该国提出申请的日期，即优先权日。优先权制度主要为了给首次在外国申请专利的人提供方便，但许多国家在国际优先权的基础之上还建立了本国优先权制度。我国《专利法》除了规定国际优先权制度外，还规定申请人自发明或者实用新型在中国第一次提出专利申请之日起12个月内，又向国家知识产权局就相同主题提出专利申请的，可以享有优先权。

（1）国际优先权。

专利法规定，申请人自发明或者实用新型**在外国**第一次提出专利申请之日起

12 个月内，或者自外观设计在外国第一次提出专利申请之日起 6 个月内，又在中国就相同主题提出专利申请的，可以享有优先权。

依照《巴黎公约》，要求国际优先权必须具备以下条件：

1）主体合格，即提出优先权请求的人必须是享有优先权的人；

2）首次专利申请必须是正式申请；

3）要求优先权的发明创造必须与首次申请属同一内容；

4）必须在《巴黎公约》的成员方提出优先权请求；

5）优先权请求只能在优先权期内提出。

申请人要求优先权的，应当在向我国国务院专利行政部门提交专利申请时提交书面声明。该书面声明应当写明第一次提出专利申请的申请日、申请号和受理该申请的国家。申请人在向我国国务院专利行政部门提出专利申请之日起 3 个月内提交第一次专利申请文件的**副本**。

（2）国内优先权。

我国专利法还规定了**发明和实用新型**专利的本国优先权，即在国内提出专利申请后 12 个月内，又向国务院专利行政部门就相同主题提出专利申请的，可以享有优先权。申请人在一件专利申请中，可以要求一项或者多项优先权；要求多项优先权的，该申请的优先权期限从最早的优先权日起算。

提醒注意：

国际优先权针对的是发明、实用新型和外国设计；而国内优先权则只能针对发明和实用新型。优先权制度的主要作用在于使发明人在第一次提出申请后有充裕的时间考虑还需在哪些其他成员方提出申请及选择代理人办理手续，同时发明人无须担心在这段时间内别人以同样的发明或商标在他国抢先申请专利或申请商标注册。因为发明人的第一次正式申请日是享有优先权的优先权日。

二、专利的审查与批准

专利的审查与批准流程如图 6－1 所示。

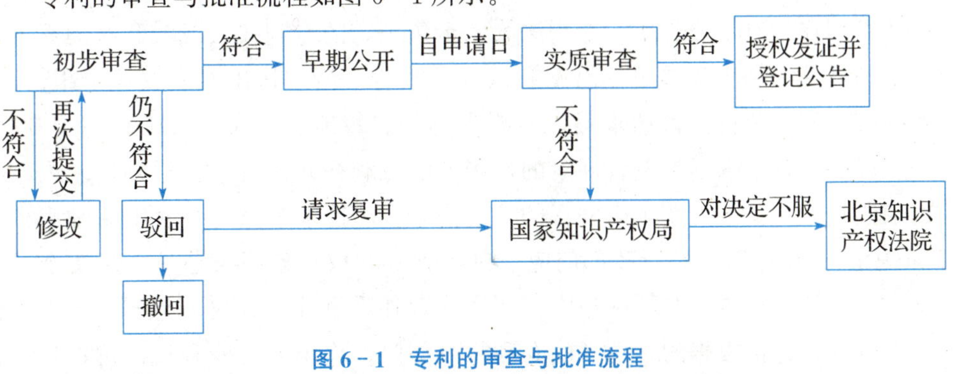

图 6－1 专利的审查与批准流程

（一）初步审查

初步审查，也称为“形式审查”，是国家知识产权局专利局对发明、实用新型和外观设计专利申请是否具备**形式条件**进行的审查。

（二）早期公开

早期公开是指经过初步审查对符合形式条件的发明专利申请，在尚未经过实质审查前进行的公开。根据我国《专利法》第34条规定：“国务院专利行政部门收到发明专利申请后，经初步审查认为符合本法要求的，自申请日起满**十八个月**，即行公布。国务院专利行政部门可以根据申请人的请求早日公布其申请。”

（三）实质审查

实质审查，也称技术审查，是对申请专利的发明是否具有专利性所进行的审查。我国《专利法》第35条规定：“发明专利申请自申请日起**三年**内，国务院专利行政部门可以根据申请人随时提出的请求，对其申请进行实质审查；申请人无正当理由逾期不请求实质审查的，该申请即被视为**撤回**。国务院专利行政部门认为必要的时候，可以**自行**对发明专利申请进行实质审查。”实用新型和外观设计只进行初步审查，无实质审查。

提醒注意：

实质审查可以是依当事人的申请进行，也可以是专利行政部门依职权主动进行审查。

（四）授权发证并登记公告

《专利法》第39条规定：“发明专利申请经实质审查没有发现驳回理由的，由国务院专利行政部门作出授予发明专利权的决定，发给发明专利证书，同时予以登记和公告。发明专利权自公告之日起生效。”我国虽然专利权的保护期从申请日起算，但专利权从专利授权日才正式生效，因此，对发明专利的完全保护是**从专利授权之日开始**。《专利法实施细则》第56条规定：“授予实用新型或者外观设计专利权的决定公告后，专利法第六十条规定的专利权人或者利害关系人可以请求国务院专利行政部门作出专利权评价报告。请求作出专利权评价报告的，应当提交专利权评价报告请求书，写明专利号。每项请求应当限于一项专利权。专利权评价报告请求书不符合规定的，国务院专利行政部门应当通知请求人在指定期限内补正；请求人期满未补正的，视为未提出请求。”《专利法实施细则》第57条规定：“国务院专利行政部门应当自收到专利权评价报告请求书后**2个月内**作出专利权评价报告。对同一项实用新型或者外观设计专利权，有多个请求人请求作出专利权评价报告的，国务院专利行政部门仅作出一份专利权评价报告。任何单位或者个人可以**查阅或者复制**该专利权评价报告。”

（五）复审

复审是指由国家知识产权局对当事人不服国家知识产权局专利局有关处理决定的请求所进行的审查。我国《专利法》第 41 条规定：“专利申请人对国务院专利行政部门驳回申请的决定不服的，可以自**收到通知之日起三个月内**向国务院专利行政部门请求复审。国务院专利行政部门复审后，作出决定，并通知专利申请人。专利申请人对国务院专利行政部门的复审决定不服的，可以自收到通知之日起**三个月内**向人民法院起诉。”

第四节　专利授予的条件与程序

学材导语

本节内容是专利权的重要内容，主要讲授专利授予的条件和程序，通过本节内容的学习，你将了解专利权授予的条件，以及适用何种程序授予专利权。本节内容理解起来有难度，需认真掌握。

一、授予专利的条件

（一）发明或者实用新型专利的授权条件

授予专利权的发明和实用新型，应当具备新颖性、创造性和实用性。

1. 新颖性

新颖性，是指该发明或者实用新型不属于现有技术，也没有任何单位或者个人就同样的发明或者实用新型在申请日以前向国务院专利行政部门提出过申请，并记载在申请日以后公布的专利申请文件或者公告的专利文件中。现有技术，是指申请日以前在国内外为公众所知的技术。为公众所知的方式有**出版物公开、使用公开和其他方式公开**等（见表 6 - 2）。我国现行专利法所采用的新颖性标准属于**绝对新颖性**标准，之所以这样讲，是因为上述三种公开方式的范围都是国内外范围，而原专利法中规定出版物公开的范围是国内外范围、其他两种公开的范围是国内范围。由此原专利法的新颖性标准被称为相对新颖性标准，而现行专利法的新颖性标准被称为绝对新颖性标准。

表 6-2 为公众所知的方式

方式	含义
出版物公开	专利法意义上的出版物是指记载有技术或设计内容的**独立存在**的传播载体，并且应当表明或者有其他证据证明其公开发表或出版的时间。 出版物不受地理位置、语言或者获得方式的限制，也不受年代的限制。出版物的出版发行量多少、是否有人阅读过、申请人是否知道是无关紧要的。
使用公开	使用公开的方式包括能够使**公众得知**其技术内容的制造、使用、销售、进口、交换、馈赠、演示、展出等方式。只要通过上述方式使有关技术内容处于公众想得知就能够得知的状态，就构成使用公开，而**不取决于是否有公众得知**。但是，未给出任何有关技术内容的说明，以致所属技术领域的技术人员无法得知其结构和功能或材料成分的产品展示，不属于使用公开。
以其他方式公开	主要是指**口头公开**等。例如，口头交谈、报告、讨论会发言、广播、电视、电影等能够使公众得知技术内容的方式。

如果在一项发明或实用新型专利申请的申请日以前，已有同样的发明或者实用新型由任何单位或个人向国务院专利行政部门提出过申请并且记载在申请日以后公布的专利申请文件或者公告的专利文件中，则在先申请就称为在后申请的**抵触申请**，抵触申请破坏在后申请的新颖性。

提醒注意：

丧失新颖性的三种例外

申请专利的发明创造在申请日**以前 6 个月内**，有下列情形之一的，不丧失新颖性：

（1）在国家出现紧急状态或者非常情况时，为公共利益目的首次公开的。

（2）在**中国政府**主办或者承认的**国际展览会上**首次展出的。

（3）在规定的学术会议或者技术会议上**首次发表**的；学术会议或者技术会议是指国务院有关主管部门或者全国性学术团体组织召开的学术会议或者技术会议。

（4）他人未经申请人同意而**泄露**其内容的。

2. 创造性

创造性，是指申请日之前，与现有技术相比，该发明具有突出的实质性特点和显著的进步，该实用新型具有实质性特点和进步。所谓现有技术，必须是专利申请日或优先权日以前公开的技术。所谓发明创造的实质性特点，是指发明创造与现有技术相比所具有的本质的区别特征，并且这种区别特征应当是技术性的，通常也就是该发明创造“发明点”之所在。而所谓进步，是指发明创造与现有技术的水平相比必须有所提高，而不能是一种倒退。

对比学习

新颖性与创造性

新颖性指发明创造应该是新的，即以前没有过；而创造性，又可称为非显而易见性，实际上，非显而易见性更容易理解，即发明创造要有难度。

3. 实用性

实用性，是指该发明或者实用新型能够制造或者使用，可以**重复实施**，并且能够产生积极效果，这些效果应当是积极和有益的。实用性的要求包括技术属性和社会属性两个方面：就技术属性而言，发明创造要具有在工业上被付诸应用的技术上的可能性；就社会属性而言，发明创造要具有一定的社会效果，能够对社会有用。

（二）外观设计专利的授权条件

1. 新颖性

授予专利权的外观设计，应当不属于现有设计，也没有任何单位或者个人就同样的外观设计在申请日以前向国务院专利行政部门提出过申请，并记载在申请日以后公告的专利文件中。现有设计，是指申请日以前在国内外为公众所知的设计。

2. 明显区别性

授予专利权的外观设计与现有设计或者现有设计特征的组合相比，应当具有明显区别。

3. 不得与他人在先权利相冲突

授予专利权的外观设计不得与他人在申请日以前已经取得的合法权利相冲突。在先取得的合法权利包括：商标权、著作权、企业名称权、肖像权、知名商品特有包装或者装潢使用权等。

延伸阅读　申请专利的形式审查与实质审查

形式审查指的是主要审查专利**申请文件的格式**对不对、份数够不够等方面的问题，而实质审查是审查专利申请有没有新颖性、创造性和实用性等方面的问题。我国专利审查制度中，发明专利要进行形式审查和实质审查，而**实用新型和外观设计则只进行形式审查**，这就会产生“垃圾专利”的问题。垃圾专利就是质量不高的专利，也就是可能没有什么新颖性、创造性的专利。为了解决垃圾专利的问题，《专利法》规定，专利侵权纠纷涉及实用新型专利或者外观设计专利的，人民法院或者管理专利工作的部门可以要求专利权人或者利害关系人出具由国务院专利行政部门对相关实用新型或者外观设计进行检索、分析和评价后作出的专利权评价报告，作为审理、处理专利侵权纠纷的证据。显然，如果专利权评价报告认为该专利不具有新颖性或者创造性，那么专利侵权纠纷也就没必要继续审理了。

二、专利的无效

自专利局公告授予专利权之日起，任何单位或者个人认为该专利权的授予不符合专利法有关规定的，可以请求国家知识产权局宣告该专利权无效。对国家知识产权局宣告专利权无效或者维持专利权的决定不服的，可以自收到通知之日起**3个月内**向北京知识产权法院起诉。北京知识产权法院应当通知无效宣告请求程序的对方当事人作为**第三人**参加诉讼。

专利无效的理由具体包括：不符合专利法规定的实质性要件；专利说明书、权利要求书的撰写不符合法律规定；对专利申请文件的修改不符合法律规定；被授予专利权的智力成果不属于可授予专利权的范围；有在先申请等。

对比学习

专利的复审与无效

复审指的是一个人去申请专利而被国家知识产权局专利局以不符合条件为理由而驳回，申请人不服而提出请求国家知识产权局再次审查的程序。无效指的是一个人的专利已经被国家知识产权局专利局授权，其他任何人觉得该专利有问题、不符合授权条件、不应该被授予专利权，而向国家知识产权局提出请求宣告该专利无效的程序，无效即意味着该专利从有变无。根据WTO的原则，国家知识产权局作为行政机关做出的复审和无效决定并**非终局决定**，当事人对于复审和无效决定不服，都可以寻求司法救济，即向**北京知识产权法院**提出**行政诉讼**。

宣告无效的专利权视为**自始即不存在**，也就是说专利无效决定具有溯及力。但是这种溯及力也存在例外，如宣告专利权无效的决定，对在宣告专利权**无效前**人民法院作出并**已执行**的专利侵权的判决、调解书，已经履行或者强制执行的专利侵权纠纷处理决定，以及已经履行的专利实施许可合同和专利权转让合同，不具有追溯力。根据我国《专利法》第47条第2款的规定，因专利权人的恶意给他人造成的损失，应当给予赔偿。专利权人或者专利权转让人不向被许可实施专利人或者专利权受让人返还专利使用费或者专利权转让费，明显违反公平原则的，专利权人或者专利权转让人应当向被许可实施专利人或者专利权受让人返还全部或者部分专利使用费或者专利权转让费。

通过上述内容的学习，相信你已掌握了专利授予的实质性条件了，请通过下面的【练一练】来检验一下吧！

练一练

（多项选择题）在下列何种情况下，申请专利的发明或实用新型不具有新颖性？（　　）

A. 该发明属于现有技术

B. 该实用新型在申请日以前是国外公众所知的技术

C. 该实用新型在申请日以前是国内公众所知的技术

D. 该发明在国内公开使用过

解析：新颖性要求该发明或者实用新型不属于现有技术。现有技术，是指申请日以前在国内外为公众所知的技术，包括被公开使用过，故本题中的四个选项所述的情形都是不具有新颖性的表现，因此本题的正确答案为ABCD。

第五节 专利权的内容与限制

学材导语

通过前面的学习，我们已了解了专利权的相关基础理论，那么，专利权到底有哪些内容呢？专利权人有哪些权利和义务呢？作为一种权利，专利权并不是没有界限的，它的界限又在哪里呢？这些将是我们在本节要学习的内容。

一、专利权的内容

（一）专利权人的权利

专利权人可以依自己的意志独立行使其专利权。专利权的共有人对权利的行使有约定的，从其约定。没有约定的，共有人可以单独实施或者以**普通许可方式**许可他人实施该专利；许可他人实施该专利的，收取的使用费应当在共有人之间分配。除前述情形外，行使共有的专利权应当取得**全体**共有人的同意。

1. 独占实施权

独占实施权的具体内容见表6-3。

表6-3 独占实施权

形式	具体内容
产品发明和实用新型	产品发明和实用新型专利权被授予后，除专利法另有规定的以外，任何单位或者个人未经专利权人许可，都不得实施其专利，即不得为生产经营目的**制造、使用、许诺销售**①**、销售、进口**其专利产品。

① 许诺销售，是指以做广告、在商店橱窗中陈列或者在展销会上展出等方式作出销售商品的意思表示。

续表

形式	具体内容
方法发明	方法发明专利权被授予后，除专利法另有规定的以外，任何单位或者个人未经专利权人许可，都不得实施其专利，即不得为生产经营目的**使用其专利方法**以及**使用、许诺销售、销售、进口**依照该专利方法直接获得的产品。
外观设计	外观设计专利权被授予后，任何单位或者个人未经专利权人许可，都不得实施其专利，即不得为生产经营目的**制造、许诺销售、销售、进口**其外观设计专利产品。

通过上述内容的学习，你是否理解了发明、实用新型和外观设计之间在专利实施权上的不同呢？请通过下面的【练一练】来检测一下吧！

练一练

发明、实用新型专利和外观设计专利实施权利内容的区别？

解析：发明、实用新型专利实施权利内容有 5 项，即制造、使用、销售、许诺销售、进口；外观设计专利实施权利内容只有 4 项，即制造、销售、许诺销售、进口，而不包括使用。

2. 实施许可权

实施许可权是指专利权人可以许可他人实施其专利技术并收取专利使用费。任何单位或者个人实施他人专利的，应当与专利权人订立**书面**实施许可合同，向专利权人支付专利使用费。被许可人无权允许合同规定以外的任何单位或者个人实施该专利。

许可他人实施专利包括三种方式：排他实施许可、独占实施许可与普通实施许可。专利的排他实施许可是指专利权人将许可他人实施专利的权利仅仅授予某一位被许可人，在该排他实施许可有效期间，专利权人不得再度许可任何第三人实施该项技术，但专利权人仍保留实施权的许可方式。专利的独占实施许可是指在独占实施许可有效期间，被许可人以外的任何人，包括专利权人都不得实施该项专利，只有被许可人享有实施该项专利的权利的许可方式。被许可方虽然享有独占性的实施权，但不享有对该专利的控制权和处分权，且无权擅自许可第三者实施（除非被许可人同时获得了分权许可权），而一旦实施期届满，专利实施权便自动回归到专利权人手中。专利的普通实施许可是指在实施许可有效期间内，专利权人不仅可以自己实施专利，还可以任意再许可给他人实施专利。

3. 转让权

专利权可以转让，这称为专利权人的转让权。转让专利申请权或者专利权的，当事人应当订立**书面合同**，并向国家知识产权局专利局**登记**，由国家知识产权局专利局予以**公告**。专利申请权或者专利权的转让自**登记之日**起生效。

中国单位或者个人向外国人、外国企业或者外国其他组织转让专利申请权或者专利权的，应当依照有关法律、行政法规的规定办理手续。

对比学习

商标转让与专利转让

转让注册商标的，转让人和受让人应当签订转让协议，并共同向商标局提出申请。转让注册商标经核准后，予以公告。受让人自公告之日起享有商标专用权。

商标许可合同应当向国家知识产权局商标局备案，专利许可合同应该向国家知识产权局专利局备案。但是这里的备案与上述核准程序不同，不备案并不影响专利、商标许可的生效，但不经核准则专利、商标的转让就不生效。商标使用许可合同未经备案的，不影响该许可合同的效力，但当事人另有约定的除外。

商标使用许可合同未在商标局备案的，不得对抗善意第三人。

4. 标示权

它是指专利权人享有在其专利产品或者该产品的包装上标明专利标记和专利号的权利。

（二）专利权人的义务

专利权人不仅享有法律规定的各项权利，而且必须承担相应的义务。如果专利权人不依法履行其法律义务，就要承担相应的法律后果。

各国规定的专利权人的义务主要有两项：一是缴纳各种费用，其中主要是专利年费（也称专利维持费）；二是实施已获专利的发明创造的义务。我国1984年的《专利法》规定了这两项义务，根据第51条的规定，专利权人负有在中国制造其专利产品、使用其专利方法的义务。1992年修正的《专利法》取消了专利权人的实施义务。根据《专利法》第43条的规定，专利权人应当自被授予专利权的当年开始缴纳年费。未按规定缴纳年费的，可能导致专利权终止。

此外，职务发明创造专利的单位，在授予专利权后，应当按照规定对发明人或设计人进行奖励；专利实施后，根据其推广应用所取得的经济效益，应按规定对发明人或者设计人发给合理的报酬。

二、专利权的保护期限

发明专利权的期限为20年，实用新型专利权的期限为10年，外观设计专利权的期限为15年，均自申请日起计算。用来规定专利权期限的《专利法》第42条中所说的申请日是实际申请日而非优先权日。专利权期限届满后，专利权终止。专利权期限届满前，专利权人可以书面声明放弃专利权。

三、专利权的限制

专利权是一种垄断权，除法律另有规定外，任何人未经专利权人许可，都不得以营利为目的实施其专利。所谓专利权的限制，是指专利法允许第三人在某些特殊情况下，可以不经专利权人许可而实施其专利，且其实施行为并不构成侵权的一种法律制度。同其他知识产权一样，专利权在许多方面是受限制的。法律要对专利权进行限制，其主要原因在于：专利权是一种法定的权利，是国家为了让专利权人能够将发明公布为社会所用，而社会则以赋予一定时间的独占权为代价。正是基于这样的一个制度设计上的考虑，法律在赋予专利权人以独占权的同时，还要在很多方面限制专利权人的权利。这其中包括专利的时间限制和专利权实施中的限制。具体来说，这些限制性规定具体包括：专利的强制许可、专利保护期限（上一部分已述）与不视为侵犯专利权的情形。下面我们展开具体论述：

（一）强制许可

强制许可又称非自愿许可，是指国务院专利行政部门依照法律规定，不经专利权人的同意，**直接许可**具备实施条件的申请者实施发明或实用新型专利的一种**行政措施**。其目的是促进获得专利的发明创造得以实施，防止专利权人滥用专利权，维护国家利益和社会公共利益。

1. 强制许可的特征

（1）**非独占**：取得实施强制许可的单位或者个人不享有独占实施权，并且无权允许他人实施。

（2）**有偿性**：取得实施强制许可的单位或者个人应当付给专利权人**合理的使用费**，或者依照我国参加的有关国际条约的规定处理使用费问题。

（3）**可诉性**：专利权人对国务院专利行政部门关于实施强制许可的决定不服的，专利权人和取得实施强制许可的单位或者个人对国务院专利行政部门关于实施强制许可的使用费的裁决不服的，可以自收到通知之日起**3个月内**向人民法院提起行政诉讼。

提醒注意：

强制许可仅对发明和实用新型而言，外观设计不存在强制许可；强制许可涉及的发明为半导体的，其实施限于公共利益和反垄断目的。

2. 强制许可的种类

（1）**合理条件**的强制许可。专利权人自专利权**被授予之日起满3年**，且自**提出专利申请之日起满4年**，无正当理由未实施或未充分实施其专利①，国务院专利行

① 未充分实施其专利，是指专利权人及其被许可人实施其专利的方式或者规模不能满足国内对专利产品或者专利方法的需求。

政部门根据具备实施条件的单位或者个人的申请，可以给予实施该专利的强制许可。

（2）**垄断**导致的强制许可。专利权人行使专利权的行为被依法认定为垄断行为，为消除或者减少该行为对竞争产生的不利影响，可以给予强制许可。

（3）**公共利益目的**的强制许可。在国家出现紧急状态或者非常情况时，或者为了公共利益的目的，国务院专利行政部门可以给予实施发明专利或者实用新型专利的强制许可。在出现公共健康危机（例如“非典”、禽流感）时可以对相关的特效专利药品实行强制许可。

（4）**药品专利权**强制许可。为公共健康目的，对取得专利权的药品，可以给予制造并将其出口到符合我国参加的有关国际条约规定的国家或地区的强制许可。

取得专利权的药品，是指解决公共健康问题所需的医药领域中的任何专利产品或者依照专利方法直接获得的产品，包括取得专利权的制造该产品所需的**活性成分**以及使用该产品所需的**诊断用品**。

（5）**从属专利及基础专利**的强制许可。一项取得专利权的发明或者实用新型比之前已经取得专利权的发明或者实用新型具有显著经济意义的重大技术进步，其实施又有赖于前一发明或者实用新型的实施的，国务院专利行政部门根据后一专利权人的申请，可以给予实施前一发明或者实用新型的强制许可。在依照前述规定给予实施强制许可的情形下，国务院专利行政部门根据前一专利权人的申请，也可以给予实施后一发明或者实用新型的强制许可。申请这种类型强制许可的单位或者个人也应当提供证据，证明其以合理的条件请求专利权人许可其实施专利，但未能在合理的时间内获得许可。

提醒注意：

反垄断的强制许可和药品专利权的强制许可的实施可以供应国际市场，其他的主要是为了供应国内市场。

（二）不视为侵犯专利权的情形

1. 权利用尽

专利权人制造、进口或者经专利权人许可而制造、进口的专利产品或者依照专利方法**直接**获得的产品售出后，使用、许诺销售、销售或进口该产品的。

这样规定的原因是，首先，专利权人自己制造或者经专利权人许可制造的产品在售出以后，权利人可以从中获利，权利人的权利已经实现，权利人不能就同一产品重复获利，因此专利权的效力在销售环节耗尽。其次，专利产品在售出以后，如果权利人还可以对该商品行使权利，不利于商品的流通和利用，而在实践中，要对已经售出的商品实行控制也是困难的。

2. 先用权（先行实施）

在专利**申请日前**已经制造相同产品、使用相同方法或者已经作好制造、使用的必要准备，并且仅在原有范围内继续制造、使用的。

这里需要注意的一个概念是**反向工程**。反向工程是指通过技术手段对从公开渠道取得的产品进行拆卸、测绘、分析等而获得该产品的有关技术信息。例如，甲厂将生产饮料的配方作为商业秘密予以保护，乙通过化验方法破解了该饮料的配方，这就属于反向工程。注意其与先用权之间的不同。

还需要注意：被诉侵权人以**非法**获得的技术或者设计主张先用权抗辩的，人民法院不予支持。先用权中的“已经作好制造、使用的必要准备”是指：(1) 已经完成实施发明创造所必需的主要技术图纸或者工艺文件；(2) 已经制造或者购买实施发明创造所必需的主要设备或者原材料。先用权中的“原有范围”，包括专利申请日前已有的生产规模以及利用已有的生产设备或者根据已有的生产准备可以达到的生产规模。在专利申请日后，先用权不可单独转让，更不可以许可给他人；但可以与原有企业一并转让或者承继。

3. 临时过境

临时通过中国领陆、领水、领空的外国运输工具，依照其所属国同中国签订的协议或者共同参加的国际条约，或者依照互惠原则，为运输工具**自身需要**而在其装置和设备中使用有关专利的。

4. 科学研究（非营利实施）

为了科学研究和实验使用专利技术，以及为课堂教学而演示专利技术等非营业性实施专利的行为均不属于侵权行为。

5. 为提供行政审批所需要的信息

为提供行政审批所需要的信息，制造、使用、进口专利药品或者专利医疗器械的，以及专门为其制造、进口专利药品或者专利医疗器械的。特别需要指出的是，为生产经营目的使用或者销售不知道是未经专利权人许可而制造并售出的专利产品或者依照专利方法直接获得的产品，能证明其产品合法来源的，不承担赔偿责任。此款规定的内容并不属于不视为侵犯专利权的情形，而只是不承担赔偿责任的情形。

这一条款在美国法上也被称为“博拉例外（Bolar Exception）原则”或“博拉豁免（Bolar Exemption）原则”，即只要是为了收集政府审批所需的信息（数据），无论是否为了商业目的，均可制造、使用或进口专利药品或专利医疗器械。该原则最初源于美国，现已经为大多数国家所认可。该原则所确立的制度豁免了仿制药商在药品专利期届满前为获取报批数据对其进行研究利用的侵权责任，消除的是审批所带来的专利期的额外延长，且没有影响专利权人在法定专利期内享有市场垄断并从中获取预期经济回报的权利，作为一项制度设计巧妙地平衡了专利权人与社会公众的利益。

第六节　专利侵权

学材导语

学习了专利权的内容以后，你可能会有疑问：哪些行为会侵犯别人的专利权呢？专利权的保护范围是什么呢？如果有人侵犯了我的专利权，我该怎么办呢？回答这些问题就涉及专利侵权的相关知识，也是本节我们要学习的内容。

一、专利的保护范围

（一）发明或实用新型专利权的保护范围

发明或者实用新型专利权的保护范围以**其权利要求的内容**为准，说明书及附图可以用于解释权利要求的内容。即专利权的保护范围应当以权利要求书中**明确**记载的必要技术特征所确定的范围为准，也包括与该必要技术特征**相等同的特征**所确定的范围。等同特征是指与所记载的技术特征以基本相同的手段，实现基本相同的功能，达到基本相同的效果，并且本领域的普通技术人员无须经过创造性劳动就能够联想到的特征。

在确定发明和实用新型专利权的保护范围时，应当注意以下问题：

（1）应当根据权利人主张的权利要求，依法确定专利权的保护范围。权利人在**一审法庭辩论终结前**变更其主张的权利要求的，应当准许。

（2）对于仅在说明书或者附图中描述而在权利要求中**未记载**的技术方案，权利人不得在侵犯专利权纠纷案件中将其纳入专利权保护范围。

（3）判定被诉侵权技术方案是否落入专利权的保护范围，**应当审查**权利人主张的权利要求所记载的全部技术特征。

（4）专利申请人、专利权人在专利授权或者无效宣告程序中，通过对权利要求、说明书的修改或者意见陈述而**放弃**的技术方案，权利人不得在侵犯专利纠纷案件中又将其纳入专利权保护范围。

（二）外观设计专利权的保护范围

外观设计专利权的保护范围以**表示在图片或者照片中的该产品的外观设计**为准，简要说明可以用于解释图片或者照片所表示的该产品的外观设计。外观设计专利权的保护范围取决于两个方面：一是表示在图片或者照片中的外观设计；二是专利授权时指定的外观设计使用产品的范围。确定外观设计是否相同或近似，应当以**同类产品**为基础。

（三）解释和解释权利要求的原则

第一种经常采用的原则是“中心限定原则”，即在理解和解释权利要求的范围时，以权利要求书所陈述的基本内核为中心，向外作适当的扩大解释。中心限定能较好地覆盖专利的全部实质特征，给予专利权人较充分的保护。但边界模糊，不利于公众判断该专利的保护范围，对公众而言似乎有所不公。

第二种常用的原则是“周边限定原则”，即在理解和解释权利要求的范围时，只能严格地按照权利要求书的字面含义来进行，不允许任何扩大解释。周边限定可以清晰了解专利权的范围，但对专利权人保护不力。从民法自个人本位到社会本位的转移来看，周边限定是中心限定的发展和进步。

第三种常用的原则是“折中主义原则”，指的是既考虑权利要求书的字面意思，又参考说明书和附图对权利要求作出的适当延伸。我国采取的就是“折中主义原则”，我国《专利法》第64条规定：“发明或者实用新型专利权的保护范围以其权利要求的内容为准，说明书及附图可以用于解释权利要求的内容。外观设计专利权的保护范围以表示在图片或照片中的该产品的外观设计为准，简要说明可以用于解释图片或者照片所表示的该产品的外观设计。”

二、专利侵权行为

（一）专利侵权行为的概念与特征

专利侵权行为是指在专利权有效期限内，行为人未经专利权人许可又无法律依据，以营利为目的实施他人专利的行为。它具有以下特征：

（1）侵害的对象是有效的专利。实施专利授权以前的技术、已经被宣告无效、被专利权人放弃的专利或者专利权期限届满的技术，不构成侵权行为。

（2）必须有侵害行为。即行为人在客观上实施了侵害他人专利的行为。

（3）以生产经营为目的。非生产经营目的的实施，不构成侵权。

（4）违反了法律的规定。即行为人实施专利的行为未经专利权人许可，又没有法律依据。

（二）专利侵权的判定

1. 专利侵权的判定步骤

专利法保护的是包括在权利要求中的现有技术和由区别特征组合而成的完整的方案。因此应将侵权物跟整个权利要求进行对比，而不是仅仅对比区别特征。具体来说，判断侵犯专利权的具体步骤如下：

（1）分析被指控侵权的方案的技术特征，并将其与专利方案中独立权利要求中的特征进行比较；

（2）查验具体权利要求中的全部技术特征是否被包含在被控侵权产品中；

（3）比较前述的所有与独立权要求相同的技术特征是否都与专利独立权要求

所述方案具有相同的功能或形式，所有特征间相互关系是否相同；

（4）判断不同技术方案下所产生的技术效果是否相同。

2. 相同侵权与等同侵权

根据被控侵权的产品或方法的技术特征与涉案专利权利要求保护的技术特征完全相同还是等同，专利侵权可以分为相同侵权和等同侵权。所谓相同侵权，即文字含义上的侵权，是指被诉侵权技术方案包含了与权利要求记载的全部技术特征相同的对应技术特征。特别的，当权利要求中记载的技术特征采用上位概念特征，而被诉侵权技术方案的相应技术特征采用的是下位概念特征时，则被诉侵权技术方案同样落入专利权保护范围，在此情形下成立相同侵权。所谓等同侵权，是指被控侵权物中有一个或几个技术特征经与专利权利要求保护的技术特征相比，从字面上看不相同，但是经过分析可以认定两者是相等同的技术特征，从而认定被控侵权物落入专利权的保护范围的侵权行为。

实践中，为了逃避法律责任，许多行为人往往会利用“相同侵权原则”的漏洞，将被控侵权物做某种程度的改动，使被控侵权物的一个或几个技术特征与涉案专利的权利要求书的技术特征不同，以此为自己没有侵权专利而作辩解。为充分保护专利人的权利，确保专利制度的根本目的得到实现，在专利侵权判定中逐渐引入了“等同侵权原则”。“等同侵权原则”的核心在于等同特征的认定。等同特征，根据最高人民法院的司法解释，是指与所记载的技术特征以基本相同的手段，实现基本相同的功能，达到基本相同的效果，并且是本领域普通技术人员无须创造性劳动就能联想到的技术特征。

延伸阅读 如何防止等同侵权原则被滥用？

采用等同侵权理论，虽然能够防止技术特征文字中的缺陷被恶意利用，但也增加专利保护范围的不确定性，因为它意味着公众无法完全根据权利要求来确定专利的保护范围；而且也将不可避免地加大法官在专利侵权判定中的自由裁量权，因此该规则的适用应受一定的限制，避免造成专利权人的利益和社会公共利益的失衡。

实践中，为了避免“等同侵权原则”被滥用、不适当地扩大专利范围，司法实践主要通过“全面覆盖原则”和“禁止反悔原则”来对“等同侵权原则”进行限制。全面覆盖原则，是指判断专利侵权时，法院应当将被控侵权产品或者方法和专利权利要求进行比较，如果被控侵权产品或者方法具备了权利要求里的每一项技术特征，或者说逐一要素相同，专利侵权就成立。这是法院判定专利侵权的基本方法。禁止反悔原则，是指专利法上的审批过程禁止反言。禁止反悔原则是专利侵权诉讼中的一种法律规则，其含义是，专利权人如果在专利审批（包括专利申请的审查过程或者专利授权后的无效、异议、再审程序）过程中，为了满足法定授权要求而对权利要求的范围进行了限缩（如限制性的修改或解释），则在主张专利权时，不得将通过该限缩而放弃了内容纳入专利权的保护范围。

（三）侵犯专利权行为的表现形式

专利侵权行为分为直接侵权行为和间接侵权行为两类。

1. 直接侵权行为

这是指直接由行为人**实施的**侵犯他人专利的行为。其表现形式包括：

（1）**制造**发明、实用新型、外观设计专利产品的行为。

（2）**使用**发明、实用新型专利产品的行为。将侵犯发明或者实用新型专利权的产品作为零部件，制造另一产品的，应当认定为使用发明、实用新型专利产品的行为。

（3）**许诺销售**发明、实用新型、外观设计专利产品的行为。

（4）**销售**发明、实用新型或外观设计专利产品的行为。

提醒注意：

使用（即使是生产经营目的的使用）他人外观设计专利产品的行为，不会侵犯外观设计专利权。将侵犯外观设计专利权的产品作为零部件，制造另一产品并销售的，应当认定属于侵权他人外观设计专利权的销售行为，但侵犯外观设计专利权的产品在该另一产品中具有技术功能的除外。

（5）**进口**发明、实用新型、外观设计专利产品的行为。

延伸阅读 **“平行进口”行为是否侵犯专利权人的进口权？**

所谓“平行进口”是指专利权人只许可专利产品在某一国家或地区的市场进行销售，而有人将该专利产品进口至另一国家或地区销售。产生“平行进口”的主要原因在于同样的专利产品在不同国家或地区的销售价格有所差异。这是因为各国和地区不同的市场经济发展水平、劳动力价格以及政府管理措施有所不同。比如，同样的专利药品在不同国家的价格就有很大的差异，在一些不承认药品可以获得专利的国家，生产仿制药是完全合法的，因此为了在市场竞争中占据优势，专利权人制造和出售药品时必然会降低售价。相似的是，在政府参与管制较多、市场主体比较容易取得专利药品强制许可的国家，专利权人同样很难垄断市场，因为要和获得专利强制许可的人在市场上共同竞争，专利权人制造和出售药品时必然也会降低售价。但与此不同的是，在那些专利强制药品得到强有力法律保护且对强制许可加以严格控制的国家或地区，专利权人在市场上处于绝对垄断地位，专利药品价格一般极高。如此一来，专利药品从售价低的国家进口到售价高的国家出售就会有利可图。

由于各国对于“平行进口”是否侵犯专利权这一问题上的意见和观点难以协调，TRIPs协议在规定进口权等专利权时，明确指出，“本协议的任何规定均不得用于处理知识产权的权利用尽问题”。换句话说，“平行进口”行为是否侵犯专利权取决于各国自行作出的规定。根据我国《专利法》的相关规定，我国持有的观点是：既然专利权人已经许可了专利产品的销售，并从中获得了相应的报酬，就无权再阻止商品在各国间的自由流通了。

（6）**使用**专利方法以及使用、许诺销售、销售、进口依照该专利方法直接获得的产品的行为。

提醒注意：

涉及新产品制造方法的发明专利的，制造同样产品的单位或者个人应当提供其产品制造方法不同于专利方法的证明，即这里采用的是举证责任倒置的归责原则。

（7）**假冒**他人专利的行为。为生产经营目的使用或者销售**不知道**是未经专利权人许可而制造并售出的专利产品或者依照专利方法直接获得的产品，能证明其**产品合法来源**的，仍然属于侵犯专利权的行为，需要停止侵害但**不承担赔偿责任**。专利权终止**前**依法在专利产品、依照专利方法直接获得的产品或者其包装上标注专利标识，在专利权终止后许诺销售、销售该产品的，不属于假冒专利行为。

2. 间接侵权行为

这是指行为人本身的行为并不直接构成对专利权的侵害，但实施了**诱导、怂恿、教唆、帮助**他人侵害专利权的行为。实践中，间接侵权行为的常见形态有：

（1）未经专利权人许可，以生产经营为目的制造、出售专门用于专利产品的关键部件或者专门用于实施专利方法的设备或材料。

（2）未经专利权人授权或委托，擅自许可或者委托他人实施专利。例如，行为人知道有关产品系只能用于实施特定发明或者实用新型专利的原材料、中间产品、零部件、设备等，仍然将其提供给第三人以实施侵犯专利权的行为，权利人主张该行为人和第三人承担连带民事责任的，人民法院应当支持。该第三人的实施不是为生产经营目的，权利人主张该行为人承担民事责任的，人民法院应当支持。

间接侵权行为人有过错，对专利权人造成了损害，间接侵权促使和导致了直接侵权行为的发生，与直接侵权构成共同侵权。由于间接侵权的成立以直接侵权为前提，所以，只有确定了直接侵权的事实后，才能确认间接侵权。

延伸阅读　假冒专利行为

在专利侵权的行为表现中，最为重要的一类就是假冒专利的行为。假冒专利行为包括以下类型：

（1）在未被授予专利权的产品或者其包装上**标注**专利标识，专利权被宣告无效后或者终止后**继续**在产品或者其包装上标注专利标识，或者未经许可在产品或者产品包装上标注他人的专利号。

（2）**销售**第（1）项所述产品。

（3）在产品说明书等材料中将未被授予专利权的技术或者设计称为专利技术或者专利设计，将专利申请称为专利，或者未经许可使用他人的专利号，使公众将所涉及的技术或者设计误认为是专利技术或者专利设计。

（4）伪造或者变造专利证书、专利文件或者专利申请文件。

（5）其他使公众混淆，将未被授予专利权的技术或者设计误认为是专利技术或者专利设计的行为。

假冒他人专利的，除依法承担民事责任外，由专利行政主管部门责令改正并予公告，没收违法所得，可以并处违法所得四倍以下的罚款，没有违法所得的，可以处 20 万元以下的罚款；构成犯罪的，依法追究刑事责任。假冒他人专利，情节严重的，处 3 年以下有期徒刑或者拘役，并处或者单处罚金。

三、现有技术抗辩

在专利侵权纠纷中，被控侵权人有证据证明其实施的技术或者设计属于现有技术或者现有设计的，不构成侵犯专利权。被诉侵权人以已经公开的专利抵触申请主张不侵权抗辩的，人民法院可以参照适用前述规定。我国《专利法》的根本立法目的在于鼓励创新。因此，任何在申请日之前已经为国内外公众所知的技术和设计，都属于现有技术和现有设计，都不能被授予专利权。但是在对发明专利进行实质审查的过程中，可供审查员检索的文献必然是少于申请日之前世界上所有公开文献的，因为审查员不可能穷尽地检索到所有的现有技术。如果对其提出这样的要求必然是强人所难的。此外，对于那些仅仅是通过公开使用方式而为公众所知的技术，审查员更是难以知晓。因此在现实生活中，总会有一部分发明专利，是属于申请日之前的现有技术而不符合授权条件。与发明专利申请不同，实用新型专利申请和外观设计专利申请不需要像发明专利申请一样经过实质审查，所以现有技术和现有设计错误获得授权的可能性更大。

因此，当专利权人就他人未经许可使用其专利的行为向法院起诉或要求专利行政主管部门依法作出行政处理的情况下，被告方可以在答辩期间内向国家知识产权局请求宣告该专利无效，法院也可以酌情中止诉讼，等待无效程序的结果。而对于国家知识产权局作出的决定，当事人如果不服还可以提起行政诉讼，并在不服一审判决的情况下进行上诉。这样一来，无效程序可能会持续较长时间，这对于被告方来说是极为不利的。因此我国《专利法》第 67 条规定："在专利侵权纠纷中，被控侵权人有证据证明其实施的技术或者设计属于现有技术或者现有设计的，不构成侵犯专利权。"即允许被告方在专利侵权纠纷中以实施的技术和设计属于现有技术或现有设计作为抗辩。

根据最高人民法院《关于审理侵犯专利纠纷案件应用法律若干问题的解释》第 14 条的规定，被诉落入专利权保护范围的全部技术特征，与一项现有技术方案中的相应技术特征相同或者无实质性差异的，人民法院应当认定被诉侵权人实施的技术属于《专利法》第 62 条①规定的现有技术。被诉侵权设计与一个现有设计相同或

① 现行《专利法》第 67 条，下同。

者无实质性差异的，人民法院应当认定被诉侵权人实施的设计属于《专利法》第 62 条规定的现有设计。换言之，如果被告方有证据证明其实施的技术或者设计在相关专利的申请日之前，已经是在国内外为公众所知或无实质性差异的技术或设计，就可以直接以此作为不侵犯专利权的抗辩，而不必再请求宣告相关的专利无效。这样一来可以大大节约纠纷解决时间，有利于被告方生产经营活动的正常开展。

四、请求确认不侵犯专利权之诉

权利人向他人发出侵犯专利权的警告，被警告人或利害关系人经**书面催告**权利人行使诉权，自权利人收到该书面催告之日起 **1 个月内**，权利人既不撤回警告也不提起诉讼，被警告人或者利害关系人向人民法院提起请求确认其行为不侵犯专利权的诉讼的，人民法院应当受理。

通过上述内容的学习，你对专利侵权的内容掌握了多少呢？请通过下面的【练一练】来检测一下吧！

练一练

（多项选择题）下列选项中侵犯专利权的有哪些？（　　）

A. 获得强制许可实施权的甲公司许可他人实施该专利技术

B. 乙公司与某专利权人签订独占实施许可合同后，许可其子公司实施该项专利

C. 为提供行政审批所需要的信息，丙公司未经专利权人的同意而制造其专利药品

D. 丁公司销售不知道是侵犯他人专利的产品并能证明该产品来源合法

解析：《专利法》第 61 条规定："取得实施强制许可的单位或者个人不享有独占的实施权，并且无权允许他人实施。"因此 A 项中行为侵犯专利权，正确。《专利法》第 12 条规定："任何单位或者个人实施他人专利的，应当与专利权人订立实施许可合同，向专利权人支付专利使用费。被许可人无权允许合同规定以外的任何单位或者个人实施该专利。"因此 B 项中行为侵犯专利权，正确。根据《专利法》第 75 条的规定，为提供行政审批所需要的信息，制造、使用、进口专利药品或者专利医疗器械的，以及专门为其制造、进口专利药品或者专利医疗器械的，不视为侵犯专利权。因此 C 项中行为没有侵犯专利权，错误。根据《专利法》第 65 条的规定，未经专利权人许可，实施其专利，即侵犯其专利权。第 77 条规定："为生产经营目的使用、许诺销售或者销售不知道是未经专利权人许可而制造并售出的专利侵权产品，能证明该产品合法来源的，不承担赔偿责任。"故 D 项中丁公司属于善意侵权，应停止侵权，但不用承担赔偿责任，正确。所以本题正确答案为 ABD。

参考文献

一、著作类

[1] 安雪梅．专利侵权行为研究 [M]．北京：知识产权出版社，2009.

[2] 崔国斌．专利法：原理与案例 [M]．2 版．北京：北京大学出版社，2016.

[3] 方江宁．知识产权法基础理论 [M]．北京：知识产权出版社，2014.

[4] 冯晓青．知识产权法专题判解与学理研究：第 1 分册 [M]．北京：中国大百科全书出版社，2010.

[5] 国家知识产权局条法司．《专利法》及《专利法实施细则》第三次修改专题研究报告 [M]．北京：知识产权出版社，2006.

[6] 何隽．知识产权法案例评析 [M]．北京：知识产权出版社，2019.

[7] 李琛．著作权基本理论批判 [M]．北京：知识产权出版社，2013.

[8] 刘春田．知识产权法 [M]．5 版．北京：中国人民大学出版社，2014.

[9] 曲三强．现代知识产权法概论 [M]．3 版．北京：北京大学出版社，2015.

[10] 沈世娟，杨伟红．知识产权法原理与案例 [M]．北京：中国政法大学出版社，2018.

[11] 《十二国专利法》翻译组．十二国专利法 [M]．北京：清华大学出版社，2013.

[12] 王迁．著作权法一本通：中华人民共和国著作权法总成 [M]．北京：法律出版社，2018.

[13] 王迁．知识产权法教程 [M]．7 版．北京：中国人民大学出版社，2021.

[14] 吴汉东．知识产权法 [M]．5 版．北京：北京大学出版社，2019.

[15] 吴汉东．知识产权总论 [M]．4 版．北京：中国人民大学出版社，2020.

[16] 吴偕林．知识产权案例精选：2011—2012 [M]．北京：知识产权出版社，2014.

[17] 姚欢庆．知识产权法练习题集 [M]．2 版．北京：中国人民大学出版社，2013.

[18] 尹新天．中国专利法详解 [M]．2 版．北京：知识产权出版社，2012.

[19] 张广良．知识产权侵权民事救济 [M]．北京：法律出版社，2003.

[20] 郑成思．知识产权研究：第 7 卷 [M]．北京：中国方正出版社，1999.

[21] 国家法官学院，德国国际合作机构．法律适用方法：知识产权法案例分析方法 [M]．北京：中国法制出版社，2016.

[22] 中国法制出版社．实用版法规专辑：知识产权法 [M]. 6版．北京：中国法制出版社，2018.

[23] 中国人民大学知识产权教学与研究中心．知识产权国际条约集成 [M]. 北京：清华大学出版社，2011.

[24] 周长玲．知识产权国际条约研究 [M]. 北京：中国政法大学出版社，2013.

二、期刊论文类

[1] 曹新明．我国著作权归属模式的立法完善 [J]. 法学，2011 (6)：81-89.

[2] 陈化琴．论表演者权的法定主义 [J]. 电子知识产权，2015 (6)：67-72.

[3] 冯晓青．论利益平衡原理及其在知识产权法中的适用 [J]. 江海学刊，2007 (1)：141-146.

[4] 冯晓青．专利法利益平衡机制之探讨 [J]. 郑州大学学报（哲学社会科学版），2005，38 (3)：58-62.

[5] 冯晓青．著作权合理使用制度之正当性研究 [J]. 现代法学，2009，31 (4)：29-41.

[6] 郭禾．关于滥用知识产权问题的法律逻辑推演 [J]. 知识产权，2013 (5)：3-6.

[7] 郭鹏．我国技术措施保护及其例外的法律构架完善：对《著作权法修改草案》的不修改质疑 [J]. 暨南学报（哲学社会科学版），2012，34 (10)：108-115.

[8] 兰磊．创新视角下的知识产权：反垄断法关系 [J]. 电子知识产权，2013 (5)：56-62.

[9] 李琛．禁止知识产权滥用的若干基本问题研究 [J]. 电子知识产权，2007，12：150-151.

[10] 李静．计算机程序的软件版权保护与专利保护分析 [J]. 电子测试，2014 (21)：138-140.

[11] 梁志文，蔡英．数字环境下的发行权穷竭原则：兼评欧盟法院审理的Oracle公司诉UsedSoft公司案 [J]. 政治与法律，2013 (11)：36-44.

[12] 刘春田．知识产权作为第一财产权利是民法学上的一个发现 [J]. 知识产权，2015 (10)：3-9.

[13] 毛克盾．民间文学艺术作品的特别法保护模式研究 [J]. 知识产权，2014 (9)：36-43.

[14] 孟祥娟．论专利权保护与平行进口问题 [J]. 北方论丛，2006 (5)：141-143.

[15] 苗海刚．论我国商标平行进口的法律规制：从一起商标平行进口侵权纠纷案谈起 [J]. 当代法学，2001 (3)：65-67.

[16] 卿越．知识产权审判中事实问题与法律问题的区分 [J]. 苏州大学学报

（哲学社会科学版），2019，40（5）：76－81.

[17] 尚清．从《伯尔尼公约》条款看版权归属的法律适用 [J]. 商业时代，2007（27）：59－60.

[18] 王利明．中国民事立法体系化之路径 [J]. 法学研究，2008，13（6）：63－72.

[19] 吴汉东．关于知识产权本体、主体与客体的重新认识：以财产所有权为比较研究对象 [J]. 法学评论，2000（5）：3－13.

[20] 杨德嘉．与改编权相关的法律问题分析 [J]. 中国版权，2017（6）：12－18.

[21] 易继明．禁止权利滥用原则在知识产权领域中的适用 [J]. 中国法学，2013（4）：39－52.

[22] 张谷．作为救济法的侵权法，也是自由保障法：对《中华人民共和国侵权责任法（草案）》的几点意见 [J]. 暨南学报（哲学社会科学版），2009，31（2）：12－28.

[23] 张书青．专利侵权等同判定的原则与规则 [J]. 电子知识产权，2016（12）：69－78.

[24] 张伟君．从"金庸诉江南"案看反不正当竞争法与知识产权法的关系 [J]. 知识产权，2018（10）：14－23.

[25] 张政权．涉及计算机程序的发明专利保护法律规范的冲突、选择与适用 [J]. 电子知识产权，2013（7）：82－87.

[26] 周详，曹刚．论"实质的"假冒专利行为：一起"专利"产品纠纷引发的法律思考 [J]. 电子知识产权，2006（3）：22－25.

[27] 祝建军．网络电视版权案停止侵权责任的适用：评电影《画皮》著作权侵权案 [J]. 中国版权，2013（1）：37－40.

三、判决书类

[1] Feist Publications v. Rural Telephone Service，499 U. S. 340（1991）.

[2] Michael Patrick Hearn v. Susan E. Meyer，664F. Supp. 832（SDNY.，1987）.

[3] 北京市第一中级人民法院民事判决书（1994）中经知初字第 566 号.

[4] 北京市第一中级人民法院民事判决书（2007）一中民初字第 10169 号.

[5] 北京市第一中级人民法院民事判决书（2009）一中民初字第 4476 号.

[6] 北京市第一中级人民法院民事判决书（2011）一中民初字第 1321 号.

[7] 北京市高级人民法院民事判决书（2008）高民终字第 185 号.

[8] 北京市高级人民法院民事判决书（2013）高民终字第 1221 号.

[9] 北京市海淀区人民法院民事判决书（2007）海民初字第 26273 号.

[10] 上海市第二中级人民法院民事判决书（2011）沪二中民五（知）终字第 4 号.

[11] 上海市高级人民法院民事判决书（1995）沪高民终（知）字第 48 号.

[12] 上海市黄浦区人民法院民事判决书（2009）黄民三（知）初字第 283 号.